作业基础成本管理
——知行合一论

吴安妮／著

立信会计出版社

LIXIN ACCOUNTING PUBLISHING HOUSE

图书在版编目(CIP)数据

作业基础成本管理：知行合一论 /吴安妮著.—上海：
立信会计出版社,2019.5
ISBN 978-7-5429-5743-6

Ⅰ.①作… Ⅱ.①吴… Ⅲ.①企业管理—成本管
理—研究 Ⅳ.①F275.3

中国版本图书馆 CIP 数据核字(2019)第 090168 号

策划编辑　　窦瀚修
责任编辑　　赵志梅

作业基础成本管理——知行合一论

出版发行	立信会计出版社			
地　　址	上海市中山西路 2230 号		邮政编码	200235
电　　话	(021)64411389		传　真	(021)64411325
网　　址	www.lixinaph.com		电子邮箱	lixinaph2019@126.com
网上书店	http://lixin.jd.com		http://lxkjcbs.tmall.com	
经　　销	各地新华书店			
印　　刷	苏州市越洋印刷有限公司			
开　　本	710 毫米×1000 毫米	1/16		
印　　张	11.25		插　页	4
字　　数	177 千字			
版　　次	2019 年 5 月第 1 版			
印　　次	2019 年 5 月第 1 次			
印　　数	1—5 100			
书　　号	ISBN 978-7-5429-5743-6/F			
定　　价	56.00 元			

如有印订差错,请与本社联系调换

前　　言

　　笔者投身管理会计研究与教育 30 余年,承蒙多位美国学者,尤其是周齐武教授长期的指导以及不少企业的支持与协助,得以将理论与实务相结合,把管理会计的技术应用于企业的实际运行,同时又可以将实务上发现的问题作为未来的学术研究议题。除了得以开拓创新的学术研究议题,发展出管理会计独特的理论外,笔者的更大收获是将管理会计技术推广至实务界,帮助企业提升长期的经营绩效,创造实际效益,真正达到知行合一之目的。

　　笔者已将积累多年的研究成果整合为"整合性战略价值管理系统(Integrative Strategic Value Management System,简称 ISVMS)",于 2012 年及 2015 年取得美国等国家和地区的商标权。此系统包含五大子系统,依序为战略形成子系统(以 SSOT Scorecard 为核心)、战略执行子系统[以平衡计分卡(Balanced Scorecard,简称 BSC)为核心]、作业管理子系统、作业价值子系统[以作业基础成本管理(Activity-based Costing Management,简称 ABCM)为核心],以及战略价值创造子系统[以专利:战略性智力资本评估管理模块(Strategic Intellectual Capital Evaluation Module,简称 SICEM)为核心]。笔者希望通过此系统中各项子系统的整合,不仅可搭建学术研究至实务运用的桥梁,而且可由此系统协助企业强化自身的"体质",以增强其国际竞争力。

　　作业基础成本管理由美国哈佛大学教授 Kaplan 和青年学者 Cooper 提出,那时笔者正就读于美国乔治·华盛顿大学会计博士班,因而有机会开始研究此制度。此制度最大的功能在于摒除传统成本会计制度下所产生的成本扭曲及计算不正确的情况,并且协助管理者了解成本对象(产品、顾客或其他)中的成本发生的真正原因,分析日常营运中的各项"作业"是否对顾客或消费者产生附加价值(value added),以作为管理决策与成本控制的依据,进而达到强化企业竞争力、提升企业长期经营绩效的目的。

　　笔者于 28 年前回台湾地区即已开始推广 ABCM，本书之内容系以笔者从 1990 年到 2015 年所写过的文章加以汇编及整合而成。面临变化剧烈的国际经贸环境，以及日趋强烈的竞争态势，掌控精确的成本及利润信息，提升作业的附加价值，是企业制胜的关键，而 ABCM 能协助企业达到此目的。这是为何 AB-CM 深为管理者所重视，且其使用范畴由原有的制造业延伸至金融业、科技业、医疗业及服务业等其他产业的原因。另外，ABCM 不仅适用于民营企业，更能帮助提升政府部门行政效率，甚至可将 ABCM 的精髓应用于个人的日常生活，提升个人生活效率。

　　由于深知 ABCM 在各个领域可实现的效益，笔者非常期望能将所知及所行与各位读者分享，除将其推广以让更多人了解此制度的精髓与功效外，更期望通过学习或实施正确的 ABCM 观念，能协助企业提升其经营绩效，此正是 ABCM 知行合一之精髓。

　　本书包括三篇共十三章内容，第一篇为基本原理篇，属于"知的层面"，主要分为七章探讨，内容涵盖企业成本系统的评估、作业基础成本管理简介、作业基础成本管理的设计架构和实施步骤、作业基础成本管理的陷阱和常见问题、时间导向作业基础成本管理的兴起、作业基础成本管理在管理决策上的运用与效益，作业基础成本管理与其他管理制度的结合等内容。第二篇则为企业应用篇，属于"行的层面"，主要分为五章探讨，以制造业、电子业、银行业、医疗业和服务业为个案，具体说明 ABCM 在实务中的设计和运用并对其进行效益分析。第三篇则为生活应用篇，属于"行的层面"，探讨如何把 ABCM 应用于日常生活中，旨在提升个人生活的价值。

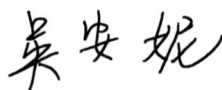

第一篇　基本原理篇——知的层面

第二篇　企业应用篇——行的层面

第三篇　生活应用篇——行的层面

第十三章　作业基础成本管理在创造生活价值方面的灵活运用

第一篇

基本原理篇——知的层面

· 内容提要 ·

　　本篇主要分为七章,涵盖企业成本系统的评估、作业基础成本管理简介、作业基础成本管理的设计架构和实施步骤、作业基础成本管理的陷阱和常见问题、时间导向作业基础成本管理的兴起、作业基础成本管理在管理决策上的运用与效益、作业基础成本管理与其他管理制度的结合等内容。

第一章

企业成本系统的评估

在管理会计新技术的革新中,最受瞩目的新技术之一,为美国哈佛大学教授 Kaplan 和青年学者 Cooper 于 1986 年所极力倡导的作业基础成本制度(Activity-based Costing,简称 ABC)。自此之后,管理会计的学术界和实务界人士便投入大量人力和物力从事相关制度的研究及探讨工作。实务界人士常会问:"我的公司适合实施 ABC 吗?"在回答此问题之前,先让我们看看传统成本系统的流程与特点。

第一节　传统成本系统的流程和特点

传统成本系统仅将生产或制造成本分派至个别产品,将价值链中的非制造成本(包括研发、设计、营销、配送与售后服务等)作为期间成本。就制造业而言,直接材料、直接人工与制造费用为生产成本的三大要素。直接材料与直接人工因为与个别产品具有直接的因果关系,可明确地将这两种成本追溯至个别产品;制造费用又称间接制造成本,其与个别产品通常无直接的因果关系,故必须以合理的方式将其分摊至个别产品。

传统成本系统系采用两阶段的分摊方法将制造费用分摊至个别产品:第一阶段先将耗用的制造费用汇集到一个或数个成本中心,而这些成本中心通常是以企业的部门为主;第二阶段则是对各个成本中心(部门)选择最适当的分摊基础,如直接人工小时或机器小时等,再将制造费用分摊至个别产品。兹以图1-1说明传统成本系统的分摊方法。

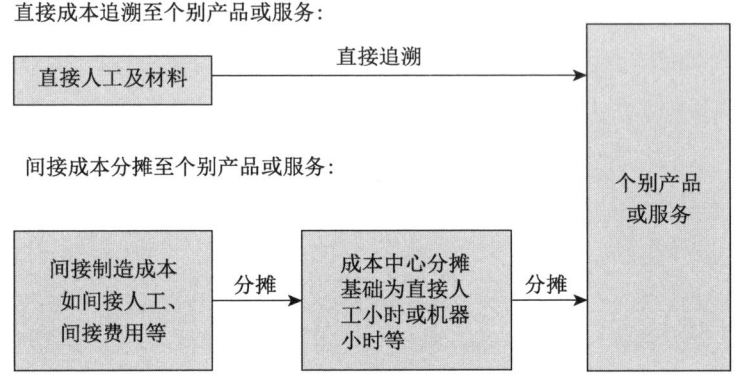

图 1-1 传统成本系统流程图

(出处:修改自吴安妮,1990 年,ABC 制度之精神:增强企业之竞争能力,会计研究月刊,第 62 期,第 94 页。)

从上述说明中,我们可以了解传统成本管理系统的特点是按直接人工小时或机器小时等"数量基础"来分摊制造费用。因制造费用的分摊不甚合理,所以易造成产品间成本互相补贴的效果,严重扭曲产品的真实成本。

第二节　如何评估企业目前成本系统是否过时

企业目前面临环境的极大改变,如国际竞争更趋激烈、生产技术不断革新、企业更趋国际化及公司组织更多元化等。在过去数十年里,许多人已探讨过成本系统必须改变、如何改变、改变时需注意的事项等问题。这些人将焦点放在成本系统必须改变的论点上,其部分原因是传统上以"数量为基础"的成本系统有其局限性,导致企业无法从中获得适当的管理信息,以作为管理当局从事管理决策的依据。正是由于对传统成本系统在新营运环境下有用性的怀疑,才促进了作业基础成本制度的发展。

企业若要了解其现有的成本系统是否适当,一方面可以直接评估其成本系统是否已过时;另一方面亦可从观察过时成本系统所引发的相关问题征兆,来评估自身成本系统的适当性。

一、直接评估企业成本系统的适当性

企业可以利用图 1-2 的建议来评估企业成本系统不同层面的情况。

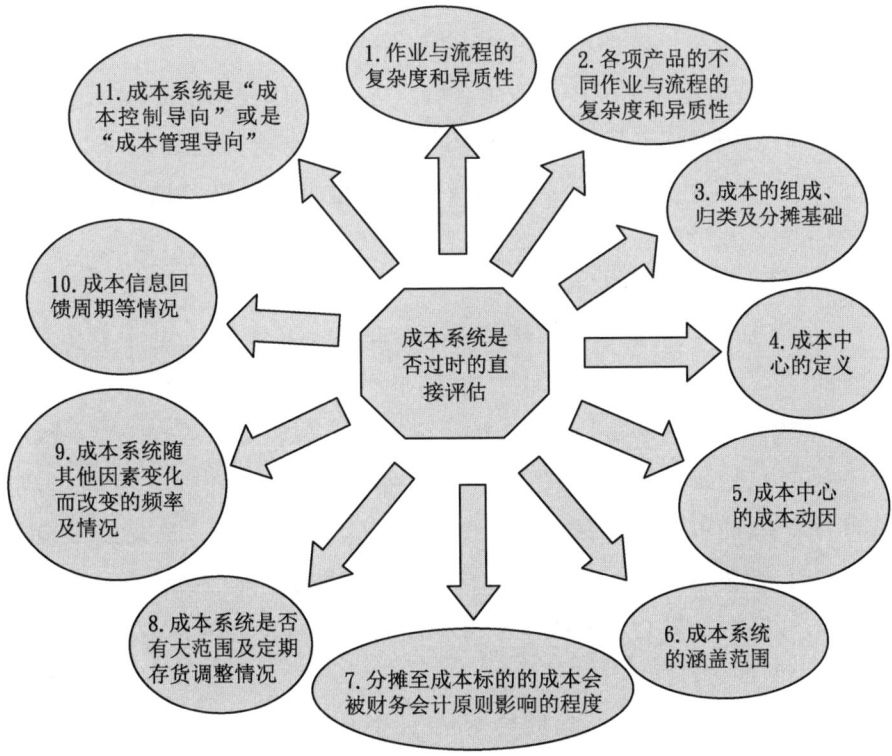

图 1-2　成本系统是否过时的直接评估图
[出处:周齐武、吴安妮、袁丽薇、李惠娟,2002 年,由过时成本系统的征兆浅探台湾企业成本制度的现况(上),会计研究月刊,第 197 期,第 130 页。]

我们根据图 1-2,评估各个层面的内容,详细说明如下:

(1) 评估企业作业与流程的复杂度和异质性。

(2) 评估企业各项产品的不同作业与流程的复杂度和异质性。

(3) 评估成本的组成、归类及分摊基础:评估整个价值链成本与其价值链各阶段内的作业成本;评估企业的成本系统如何将成本区分为"直接成本"[指直接追溯至成本标的(如产品、顾客和配销渠道)的成本]或"间接成本";评估"间接成本"的分摊基础。

（4）评估成本中心的定义。评估成本中心能够反映出将投入资源转化为产出过程的程度。

（5）评估成本中心的成本动因。评估成本动因是否都以数量为基础？或是这些成本动因倾向是否能反映出公司的流程？

（6）评估成本系统的涵盖范围。评估企业的成本系统是涵盖小部分的价值链作业（如制造阶段），还是涵盖全部的价值链作业？

（7）评估分摊至成本标的的成本会被财务会计原则影响的程度。具有此特色的成本系统大都是为了外部报告目的而设计的财务会计系统。

（8）评估企业的成本系统是否有大范围及定期存货调整情况。如有此情况，则暗示着企业的原料组合及产出组合可能与需求情况不合；否则，不需要作此调整。

（9）评估成本系统随其他因素变化而改变的频率及情况，如企业的产品组合、竞争情况、策略方向、法规、科技、采购、生产、销售、配送、支持性作业或组织设计（如架构或地理区域等）是否发生变化？其成本系统配合着改变的情况如何？一般而言，成本系统必须配合着组织内外的各项因素而改变；否则，容易成为过时的系统，而不易发挥管理的功能。例如，当企业的生产线转变成自动化作业模式时，系统不能再以直接人工作为成本分摊的基础；否则，会导致成本分摊的不当。总之，如果企业的成本系统未随着上述各项因素而改变时，企业必须思考其过时的可能性。

（10）评估成本信息回馈周期等情况，如企业的成本信息回馈周期为多久？回馈的信息内容是否为综合性的（aggregated）？有无提供"质"方面的资讯（如"作业面"的信息）？如果成本系统每月或更长期间才回馈一次，且回馈的信息内容是综合性的，又缺乏"质"方面的绩效结果，则此种成本系统所提供的信息，在当今讲求实时化、客制化并结合"质"与"量"信息的要求下，可能就不符合企业所需了。

（11）评估企业的成本系统是"成本控制导向"或是"成本管理导向"。以成本控制为导向的系统，只重视积极地对无附加价值费用的控制，忽略了积极地对有附加价值作业进行改善，所带来的可能是成本降低的效果。对竞争压力越来越大的企业而言，仅对无附加价值成本进行控制是不够的。唯有提供有效删减无附加价值成本，且积极地改善具附加价值成本的成本系统，方能符合现代企业所需。例如，以作业基础成本管理来厘清作业的附加价值性并提供删减和改善的方向,且提出事先预防及规划的方案,而非事后控制,才易协助企业突破营运的瓶颈。

通过整合性地评估上述几点,可发掘企业的成本系统在功能上是否适当以及是否满足需要。例如,当发现企业的流程和产品线具高度复杂性,且皆不同时,从评估成本中心的定义和成本动因分析,极可能发现这些成本中心不能合理地反映出投入的资源转化为产出的过程。此外,若成本系统仅涵盖小部分的价值作业,则企业很难评估出在不同决策和不同行动下成本的发生情况。

前述方法虽然对企业的"成本系统的适当性"这个议题产生有用的评估效果,但它具有三个主要的缺点:

(1)从事此种评估是非常昂贵的,因为须从每一家企业取得很多数据后,才能进行分析工作。

(2)企业成本系统的"成本和效益"因素,并不只视其"设计"情况而定。由于成本系统应该是要满足诸多不同的目的,以及提供不同于传统成本系统的功能,故员工的接受度及员工使用成本系统的情况,可能会大大地影响成本制度的功用及成效,而此因素是上列各点中未包括的。

(3)企业有不同的处境,因此其战略和想要从成本系统取得的信息可能是不同的。

就上述(2)和(3)而言,比较难用直接评估企业成本系统的方法。换言之,不同企业在设计、操作和使用成本系统时,会考虑不同的"成本和效益",因此没有一个成本系统能满足不同企业的情况及需求。

二、观察企业是否存在过时成本系统的相关征兆

当发现企业的成本系统已无法解释利润高低的原因,或者它不能有效提供成本问题的答案,甚至将一些实际上并没有获利的产品,显示为高获利时,代表着企业的成本系统可能已经过时或不敷使用了。

笔者认为成本系统的问题征兆可能有两个主要来源:其一,使用成本系统的资讯在采取行动后的结果。"顾客""竞争者"和"企业面"三者间的交互作用,可以提供企业有关成本系统的适当性的情况,我们称此为"外部因素"。其二,企业可以向内看,评估成本系统的内部顾客运用的情况,我们称此为"内部因素"。有关"外部因素"和"内部因素"的问题征兆层面的内容,如图1-3所示。

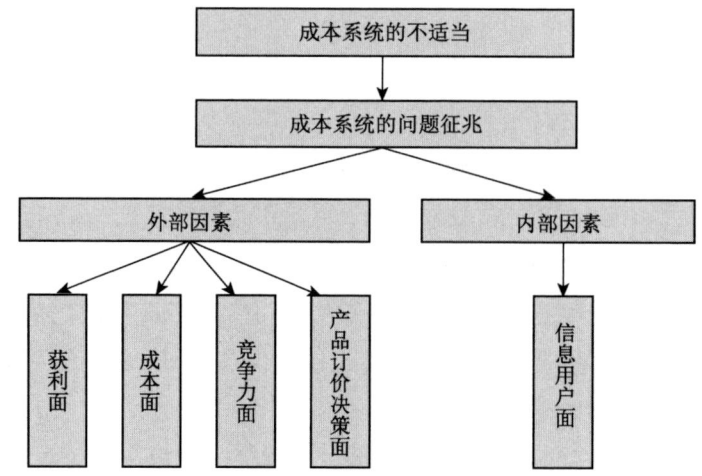

图 1-3　成本系统是否过时的问题征兆评估图

（出处：周齐武、吴安妮、袁丽薇、李惠娟，2002 年，由过时成本系统的征兆浅探台湾企业成本制度的现况（上），会计研究月刊，第 197 期，第 133 页。）

下面根据图 1-3，详细地说明每个层面的问题征兆情况。

（一）与外部因素有关的问题征兆

1．获利面

（1）难做的产品虽没有定高一点的价格，还是被报告成具有高度的获利能力：一般来说，难做的产品，或是要求比较多的产品，会产生较高的成本，如重制作业和检验作业会增加等，在产品没有定高一点的价格时，利润会较低，甚至无利润。如果企业的成本系统显示出难做的产品与其他较易做的产品在价格相同的情况下，却仍有很高的获利空间，则表示此成本系统无法产生真实且正确的产品成本信息。

（2）利润很难或无法解释：良好的成本系统应当可以产生适当的信息，让用户明了产品或服务的成本及利润高或低的理由，若企业不能根据成本系统的信息，合理地解释产品或服务的利润时，则显示出成本系统本身的设计可能不合理，无法真正反映出产品或服务必须经过的流程或作业。

（3）经理人员想要放弃被报告为有利润的产品：由于生产部门的主管清楚何种产品是较难生产的，而销售主管知道何种产品的定价不具竞争力。因此，当他们都觉得应该要放弃的产品线，却在账面上显示有利润时，表示成本系统很有可能无法捕捉到因生产和销售服务的复杂性而发生的成本。

（4）产品组合朝向那些被报告为具有较高利润率的产品，但整体获利却未增加。一般而言，若产品组合中含有较多高利润的产品，对企业整体获利会有正面的帮助。然而，若实际情况相反时，就表示企业的成本系统的成本信息不正确。账面上获利性高的产品，其实际的获利情况并不一定好。

（5）企业认为自己拥有高利润率的利基市场：具有高度进入障碍的市场，在某种程度上可以确保企业获得很高的超额报酬。除非市场存在着高度的进入障碍；否则，从长期来说，竞争一定会产生，因而企业的产品或服务的利润率就不应该异常高。如果经理人从成本系统的信息中发现，企业拥有异常超额报酬的利基市场，但这个利基市场却不具高度的进入障碍，则很有可能是成本系统有问题，造成某些产品或服务的成本被低估了。

2．成本面

（1）大量不能解释的成本差异（cost variances）：当成本系统产生许多不能解释的成本差异时，就表示成本系统无法反映企业产品流程或产品组合的合理性，亦即成本系统可能已过时。

（2）对于成本问题的答案，往往延迟且很难回答：良好的成本系统应该可以快速提供大部分成本相关问题的答案，以供管理决策之用。如果使用者经常需要等待多时，才能获得问题的答案，就表示这个成本系统的功能已有问题，可能已不敷此刻的管理所需。

（3）会计人员花费很多时间在特殊的成本研究项目上：成本系统的主要功能是要提供成本相关管理决策的信息，如果会计人员需要额外花费许多时间，专门为了特殊的管理决策问题去研究和产生成本信息时，就表示企业现有的成本系统可能未能满足当前的管理所需。

3．竞争力面

（1）竞争力低的产品，被报告出来的利润却很高：一般而言，当产品不具竞争力时，产品的利润便会降低，甚至发生损失。但现有的成本系统可能会将损失的产品报告成有利可图的产品。如果企业依据成本系统报告的产品成本来进行定价的决策，则会因产品定价过低，导致企业发生重大的损失，这就显示成本系统可能发生问题了。

（2）竞争者（尤其是小规模的竞争者）生产及销售与企业大量生产及销售相同的产品，但其定价明显偏低：在一般情况下，当企业生产及销售的产品数量比竞争对手多时,理应具有规模经济的优势,即量大的产品线,其成本会降低,也就可以降低产品的定价,从而提高市场占有率。但是如果企业的成本系统将成本平均分摊给所有生产线时,就会导致大量生产的产品必须吸收小量产品的成本,如此就无法看出量大产品的实际降低成本,因此当企业量大的产品成本比竞争者(小企业)高时,则显示此成本系统可能已发生问题了。

4. 产品定价决策面

(1)经常损失(赢得)定价较低(高)的竞标:一般而言,企业对于不想取得的订单的报价会偏高,但对于想取得的订单的报价会偏低。如果发现情况正好相反,企业经常损失(赢得)定价过低(高)的竞标时,则企业的成本系统的设计或操作可能已发生问题了。

(2)当价格提高时,顾客不会减少采购量:在正常情况下,顾客不会希望企业提高产品的售价,但如果顾客对产品售价的提高没有强烈的反应,或是虽有抱怨,但顾客仍会采购相同的数量时,极有可能是企业的产品定价偏低,亦即成本信息不正确所致,企业需要重新评估成本系统。毕竟顾客对于产品价格的调涨,极有可能会有言语上的抱怨,但实际上对企业有影响的是,这些顾客是否仍会继续购买该产品。

(3)供货商对零件的报价比企业预期的低:当企业进行外包零件的评估时,若发现供货商提出的零件报价很低,但其并不比企业的营运有效率时,则可能是企业本身的成本系统有问题,成本信息不正确。

(二) 与内部因素有关的问题征兆

与内部因素有关的问题征兆是信息用户面。

(1)管理人员对预算和成本报告缺乏兴趣:预算和成本报告应具有一定的管理功能,如果企业的成本系统产生的信息不正确或没有意义,则管理人员就不会重视预算和成本报告,这显示成本系统可能已过时和没有价值。

(2)经理人和工程师使用私有的成本系统:此情况代表管理者和工程师不信赖现有的成本系统中所取得的成本信息,例如,工程师发现复杂的产品设计,竟然会赚取更多的利润,而容易制作或维修的产品,其利润却很低,甚至无利可图时,他们会舍弃企业现有的成本系统,自行发展能计算出较正确的成本的"成本系统"。

第三节 评估企业成本系统的设计阶段

如果企业发现目前的成本系统有过时或不适当的情况时,可能会开始思考是否该改良既有的成本系统或者设计出新的成本系统。究竟企业的成本系统该朝哪个方向修改或设计呢?笔者认为可参考 Kaplan 和 Cooper (1998) 所提出的四阶段成本系统设计模式。

Kaplan 和 Cooper(1998)认为一套成本系统必须达到三个目的:

(1)外部财务报告:如计算存货成本。

(2)产品和顾客成本:计算产品及顾客的成本。

(3)营运和战略性控制:随时提供每日、每周或每月营运及战略性绩效情况的信息。

此外,他们认为成本系统的设计包括四个阶段,如图 1-4 所示。

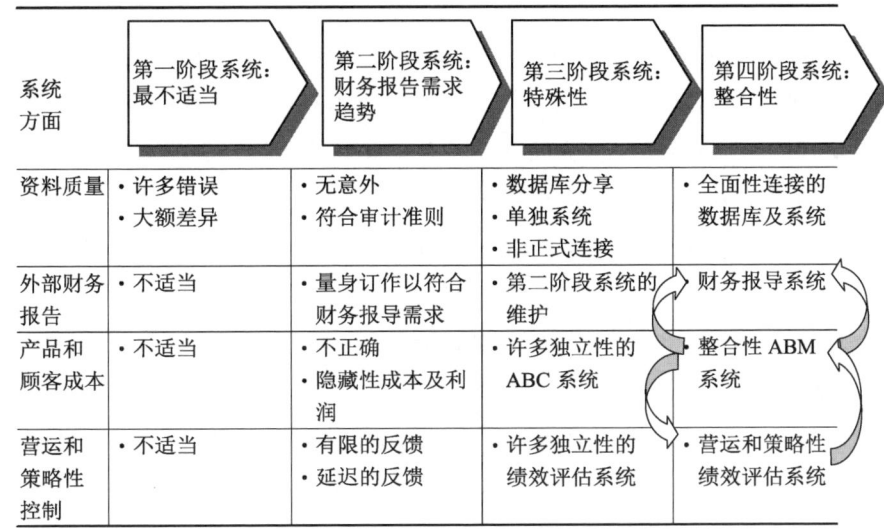

系统方面	第一阶段系统:最不适当	第二阶段系统:财务报告需求趋势	第三阶段系统:特殊性	第四阶段系统:整合性
资料质量	• 许多错误 • 大额差异	• 无意外 • 符合审计准则	• 数据库分享 • 单独系统 • 非正式连接	• 全面性连接的数据库及系统
外部财务报告	• 不适当	• 量身订作以符合财务报导需求	• 第二阶段系统的维护	财务报导系统
产品和顾客成本	• 不适当	• 不正确 • 隐藏性成本及利润	• 许多独立性的ABC系统	整合性 ABM系统
营运和策略性控制	• 不适当	• 有限的反馈 • 延迟的反馈	• 许多独立性的绩效评估系统	• 营运和策略性绩效评估系统

图 1-4 成本系统设计四阶段的模式图

(出处:修改自 Robert Kaplan and Robin Cooper 著,徐晓慧译,2000 年,成本与效应,脸谱出版社,第60 页。)

从图 1-4 可知,第一阶段的成本系统是最不适当的。此系统在外部财务报告上的功能已非常不适当,更不要谈论产品和顾客成本或营运和战略性控制的功能了。属于第一阶段的公司,可能是一些独资、合伙公司或小企业,因为它们可能没有成本系统,抑或是成本系统在存货成本的计算上也许是不正确的,更遑论产品及顾客的成本信息了。

第二阶段的成本系统主要是以财务报告为需求导向的成本系统。此系统最重要的是符合财务报告的目的。属于第二阶段的公司则是一些中型企业或大部分的大型企业(如上市公司)。因为这些公司的成本系统主要要符合外部财务报告的需求,它们的存货成本的计算没有问题,但有关内部的产品和顾客的成本或利润的计算,往往是不正确的,且营运和策略性绩效信息不仅延迟提供,而且也仅能提供非常有限的回馈功能。

第三阶段的成本系统为特殊性及定制型的系统。此系统包括:传统性的财务系统、ABC 与营运回馈系统。属于第三阶段者为实施 ABC 及 ABM(Activity Based Management,简称 ABM)的公司。虽然当企业实施 ABC 及 ABM 之后,即可掌握产品和顾客成本,营运和策略性控制的信息。此阶段的特色为拥有许多独立的 ABC 系统,但该阶段的成本系统的最大问题为财务报告系统、ABC 系统及营运回馈系统,是单独且分开的系统。因而管理人员常会发现财务报告目的所计算的销货成本及存货的标准成本金额与 ABC 系统所计算的金额是不同的,且财务报告的成本总额与 ABC 系统下的成本总额不同等的问题。Kaplan 和 Cooper(1998)因而建议企业最终还是要发展到第四阶段的成本系统,此系统属整合性的成本管理和财务报告系统。

第四阶段的成本系统主要是将 ABC 与营运回馈系统相结合,然后提供编制外部财务报表的信息。此即为"整合性成本系统"的阶段,最重要的特色为解决第三阶段许多独立性的 ABC 系统的问题,系以"作业"为骨干,最终达到整合性的 ABM 系统。

当企业开始思考如何改良或设计既有或新的成本系统时,究竟该朝哪个方向修改或设计呢? 有不少企业因为没有耐心,认为第二阶段的成本系统已不合时宜时,希望马上可直接进入第四阶段。Kaplan 和 Cooper(1998)认为此种做法是非常危险且极容易失败的。因为若未有一段学习经验,且好好地去架构基础工程的过程,是很难进入第四阶段的。

笔者认为大中华地区目前的产业正面临着由第二阶段进入第三阶段的过程,因而如何好好地架构基础工程,如从事作业分析,以"作业"为主体从事累积及计算成本的工作,实为当务之急。当企业非常需要最基本的"产品和顾客别的成本资讯"和"日常营运和战略性控制的信息"时,就必须使用 ABC。试想,若企业面临竞争激烈的环境时,则产品及顾客别的成本与利润信息对于竞争方向和策略导向相当重要,这或许也是为何目前有不少的企业对 ABC 感兴趣的原因。企业应该仔细地思考企业目前的成本系统到底出了什么问题? 企业有哪些管理决策的问题需要解决? 企业现今的成本系统是否无法满足现实需求。而且,企业应该思索 ABC 真能解决企业的成本计算及成本管理的问题吗? 总之,企业须谨慎审视自身的问题及需求,而非一味地认为别人实施 ABC,自己没依样画葫芦,就好像不如人似的,一窝蜂毫无目标地随波逐流,反而容易造成企业的负担。[①]

---

① 备注:本章的大部分内容,摘录自周齐武、吴安妮、袁丽薇、李慧娟,2002 年,由过时成本系统之征兆浅探台湾企业成本制度之现状(上),会计研究月刊,第 197 期,第 129-134 页。

第二章

作业基础成本管理简介

本章主要探讨作业基础成本管理的基本架构、重点内容、作业基础成本管理与传统成本制度的比较。兹分别说明如下。

第一节　作业基础成本管理的基本架构和基本要素

ABCM 是以"作业"为细胞,精确地将成本计算深入作业的每一环节,让所有作业流程都数据化,进而打破组织部门之间的樊篱,提高企业的价值管理能力,因而笔者在本书中将 ABC 的成本计算与价值管理功能结合为一体,称其为作业基础成本管理(ABCM)。

一、作业基础成本管理的基本架构

通过向 Kaplan 及 Cooper 学习,并经过多年的学术研究及实务运用后,笔者发展出 ABCM 的基本架构(图 2-1)供读者参考。

二、作业基础成本管理的基本要素

我们从图 2-1 中可知,ABCM 的基本要素包括七项,其相关重点内容兹说明如下。

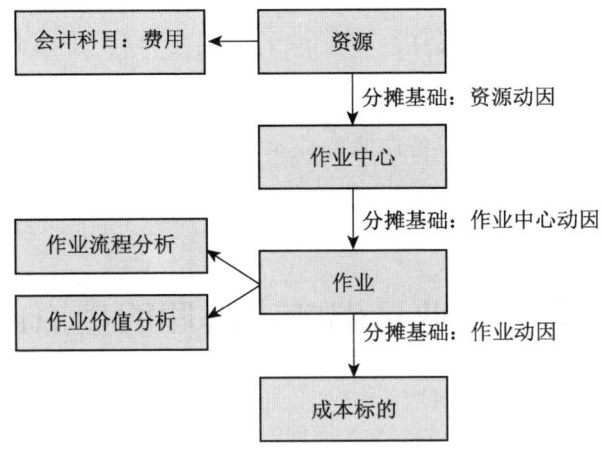

图 2-1 作业基础成本管理(ABCM)基本架构图

(出处:修改自吴安妮,1999 年,实施作业制成本管理制度之省思,会计研究月刊,第 162 期,第 48 页。)

(1)资源:此要素即为"会计科目"的费用,如水电费、折旧费、房租费等。从事 ABCM 分析时,原来的会计传票可能需要跟着改变,尽量将资源归属至各作业中心,亦即应该明了资源被哪些作业中心所使用。

(2)作业中心:即企业内的各部门,包括成本中心及利润中心等直接或间接部门。此中心能尽量区分出作业差异性的情况,如仓储作业中心和采购作业中心的作业性质完全不同。作业中心是最基本的"管理单位",其决定应配合未来的管理方向。

(3)资源动因:即资源被各作业中心所耗用的原因。此系将资源追溯至"作业中心"的基础。比如,房租系以作业中心的"平方米数"为基础追溯出去,此平方米数即为"资源动因"。

(4)作业:此为 ABCM 的"基础工程"。笔者认为在实施 ABCM 之前,企业应该实施作业流程合理化、作业管理及分析,亦即应该先打好"基础工程",才能获得事半功倍的效果。此部分的信息因部门不同而不同,且只有自己部门最清楚作业情况。从此内容中,即可清楚地看出 ABCM 系结合会计部门的"资源"信息与其他部门的"作业"信息而形成的,与传统以"账户"累积成本信息的做法迥然不同。

(5)作业中心动因:此要素系将作业中心的成本追溯至作业的基础。比如,机器折旧费用是以机器"时间"为基础追溯至"机器作业",此机器时间即为"作业中心动因"。

（6）成本标的：此为成本计算的终极目的，包括产品、顾客、渠道、员工、计划和部门等成本标的。

（7）作业动因：此要素系将作业的成本追溯至成本标的的基础。比如，"检验作业"的成本系以"产品批量数"追溯至产品（成本标的）之中。

第二节　作业基础成本管理的重点内容

ABCM以作业为骨干，结合成本管理三要素（即成本、质量和时间），以作业流程作为成本追溯的原则，提供企业有用的管理决策信息，其重点内容如下所述。

一、ABCM以作业为骨干，且以价值链为范畴

传统成本计算非常重视制造面的成本，而容易忽略其他服务性的成本，如研发（R&D）或营销成本等。在目前竞争激烈的环境下，企业需重视所有价值链的成本和范畴，如此才易了解企业的核心能力（core competency），也才易创造竞争优势。

ABCM因以作业为骨干，所以可得到各项作业成本的信息的资讯；又因以价值链为范畴，能够得到所有价值链，从研发、设计、制造以至运送和销售等各项相关作业的成本信息，所以易增进成本信息的可用性。同时，因价值链的活动太多，为有效了解其成本追溯的方向及结构，因而将作业种类分成四大类别，而不同的作业类别，不仅有其不同的成本，也有不同的成本动因。图2-2为简单的释例，仅供参考。

从图2-2中可清楚了解，企业的作业可包括四大类别：

（1）单位类别（unit level）：与单位作业有关，如材料使用作业，其成本为材料成本，而其成本动因为产量。

（2）批次类别（batch level）：与批次有关的作业，如检查作业，其成本为检查成本，而其成本动因则可能为检查次数或检查数量。

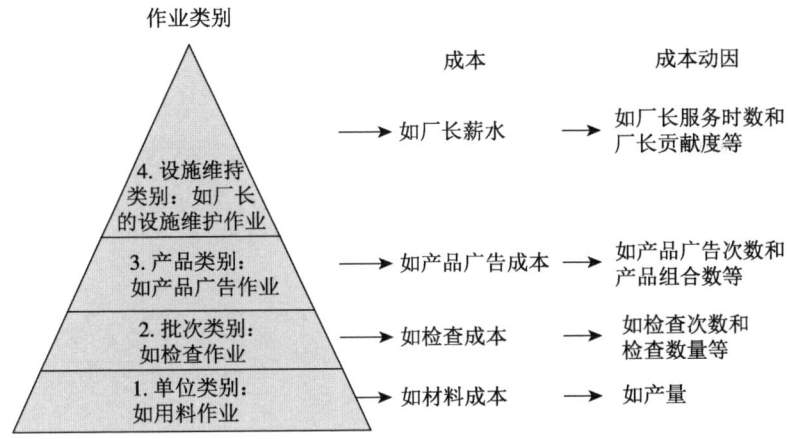

图 2-2　ABCM 下的作业类别、成本和成本动因的关系释例图

（出处：周齐武、吴安妮，2000 年，慎防误用 ABC，会计研究月刊，第 174 期，第 68 页。）

（3）产品类别（product level）：与产品有关的作业，如产品广告作业，其成本为产品广告成本，成本动因可能为产品广告的次数或产品组合数等。

（4）设施维持类别（facility sustaining level）：与设施维持有关的作业，如厂长的设施维护作业，其成本为厂长的薪水，而其成本动因可能为厂长服务的时数等。

二、ABCM 结合成本管理三要素：成本、质量和时间

ABCM 其实结合"作业"与"成本管理"的三要素，因而其具体观念如图 2-3 所示。

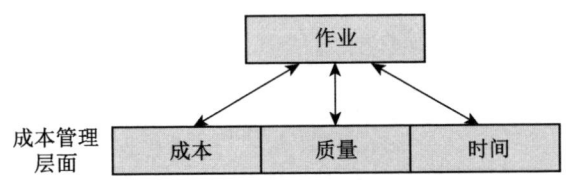

图 2-3　作业与成本管理结合图

（出处：吴安妮，1999 年，实施作业制成本管理制度之省思，会计研究月刊，第 162 期，第 48 页。）

从图 2-3 中可知，成本管理的三要素——成本、质量和时间三方面的信息，与作业的观念结合后，即形成了 ABCM 的具体观念。通过实施 ABCM，企业可

以知道"制造作业"所耗的成本(属成本信息)为何? 在此"制造作业"中有多少瑕疵品发生(属质量信息)? 此"制造作业"花了多少制造时间(属时间信息)? 举例来说,三民电子公司为新竹电子零件商,当三民电子公司实施 ABCM 后,可以充分了解各成本标的真正的成本和利润,也进一步了解制造作业的流程,删去无附加价值的作业,提高或改善每一项具附加价值作业的产值。笔者认为要深植 ABCM 观念之前,首先得去除传统成本的三要素:直接材料、直接人工及制造费用的"账户观念",取而代之的是:"作业"与"成本管理"的三要素——成本、质量、时间的结合观念。企业若能贯彻这一观念,则易提高营运及管理的绩效。

三、ABCM 提供管理决策的有用信息

ABCM 最主要的目的是提供管理者从事各种管理决策时有用的信息及参考,因而其应用的范围甚广,与价值链中必须利用成本信息的决策皆有密切关联。在此仅列举几项 ABCM 可提供的重要管理决策信息。

1. 定价决策

虽然产品价格最终决定于市场的供需情况,而且定价可被视为一项艺术,然而企业在制定价格时,仍得先了解成本,才易掌握自己的定价"区间"和"方向",以确保企业的竞争优势。当论及成本时,最重要的是要有正确和合理的成本信息,此时 ABCM 就具有相当的助力。因有 ABCM 的正确成本信息,管理者就非常容易掌握定价区间,且可以因不同渠道、不同顾客群而制定出较合理的价格,所以对定价决策者相当有利。

2. 主力产品的决策

为获取竞争优势,企业得发展主力产品,以期促进企业的长期利润。为了解产品的利润情况,当然要有正确的产品成本信息,因 ABCM 可提供不同产品,甚至相同产品不同作业量的正确成本信息,就长期而言,此种信息甚易协助制定主力产品的战略。

3. 顾客选择或管理的决策

施行 ABCM 之后,企业即可分析每一客户的成本(包括生产前的各项作业成本:如为特定客户量身定做的设计成本、生产中及生产后的成本等)。不同顾客因对产品或服务的要求不同,所以耗用企业的作业量也不同,因而其成本自

然有所差异。例如,有些银行顾客虽在银行中存款,但1年都不曾到柜台领款一次;有些银行顾客则因平时闲暇较多,如退休人员,常会至柜台领款。就此不同的顾客,虽然向企业采购同样产品,但因他们使用的资源(或称作业量)不同,其成本便有所差别了。有了ABCM制度可较容易地计算出不同作业量下不同顾客的成本,以便企业区分不同顾客,进而作为选择顾客,或管理长期顾客关系的参考。

4. 作业流程的设计及改善决策

从ABCM信息中可知各项作业的成本信息,进一步把成本与作业属性(质量、产能、附加价值及顾客服务)作一比较,可作为协助企业从事作业流程的设计及改善的依据。例如,当ABCM信息显示,人工采购的作业成本甚高,其主要因为人工易犯错,所以常需重做,而重做属无附加价值的作业,在此情况下,企业即可考虑改用计算机化的采购方式,如此不仅可提升作业的附加价值,同时从长期来说也可降低成本。

第三节 作业基础成本管理与
传统成本制度的比较

ABCM最大的功能在于,摒除传统成本会计制度下所产生的成本计算不正确的情况,且帮助管理者了解成本标的(如产品、顾客和渠道等)的成本真正发生的原因,掌握对产品、顾客,甚至渠道发生的各种附加价值(value added)和无法产生价值的作业项目,达到企业成本规划及控制的目的,进而增强企业的竞争能力。值此竞争激烈的国际环境下,此制度更易为企业管理者所重视。

ABCM与传统成本制度的最大不同点,如图2-4所示。

一、以"作业"为细胞和以"会计科目"为细胞

从图2-4中可清楚看出ABCM的创新及精髓之处,以管理的细胞——"作业"作为成本管理的"细胞";而传统成本制度则以"会计科目"作为成本制度的"细胞",因而对管理的影响不大。读者通过图2-5所示的ABCM的架构,可更清楚地了解ABCM的精髓所在。

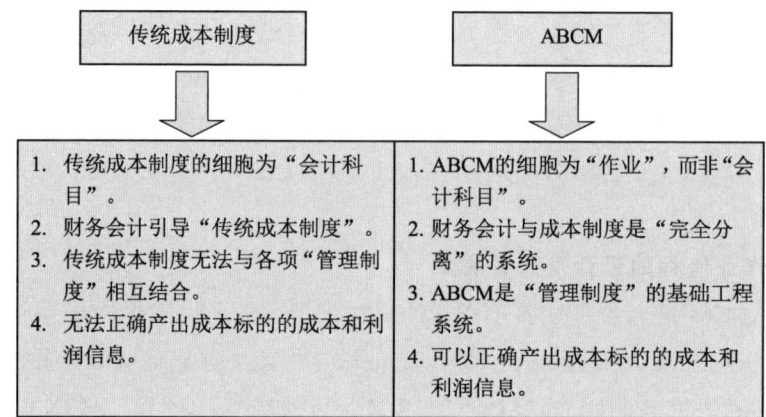

图 2-4　传统成本制度与 ABCM 的差异分析图

(出处:吴安妮,2007 年,作业制成本制度之发展与整合方向,会计研究月刊,第 263 期,第 61 页。)

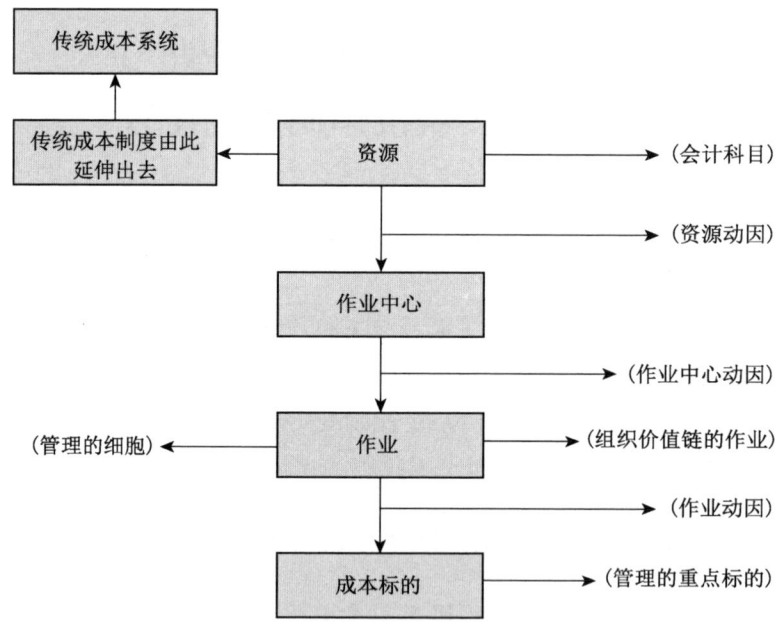

图 2-5　ABCM 的架构图

(出处:吴安妮,2007 年,作业制成本制度之发展与整合方向,会计研究月刊,
第 263 期,第 61 页。)

读者由图 2-5 可明确地看出 ABCM 系将会计科目中的费用与作业(管理的细胞)紧密结合,进而产生成本标的的成本及利润信息,如产生产品、顾客或渠道的成本及利润等重要管理信息,以供各部门管理之用。与之相比,传统的成本制度是以会计科目中的"费用"作为分析基础,因而常有人指出"传统成本制度"受到"财务会计"的影响甚大。此种成本信息因停留在解决财务报告的需求,如存货成本或销货成本的计算,并未与管理的细胞——作业结合为一体,故对于各部门的内部管理的功用并不大。

二、包含数量与非数量类别的 ABCM 或只包含数量类别的传统成本制度

传统成本制度以数量(volume-related)为基准来区分短期变动成本和固定成本,随着数量或产量变化而改变的成本称为短期变动成本;反之,称为固定成本。一般间接成本皆属固定成本,但在 ABCM 下,除按传统方法以数量为基准区分短期变动成本和固定成本外,还将短期固定成本以"作业"为基准认定为长期变动成本,大部分的短期固定成本因其随作业的变动而变动,所以属长期变动成本。

因有短期变动成本及长期变动成本的区分,ABCM 将作业水平区分成两大类:

(1)数量类别:此属短期变动成本的作业水平。

(2)非数量类别(non volume-related level):此属长期变动成本的作业水平。

数量类别包括单位类别(unit level)一项,其作业如直接人工的使用、机器小时的使用等。非数量类别则包括批次类别,如机器装置作业;产品类别,如工程改变作业;设施维持类别,如厂房的安全作业。

ABCM 因有四大作业类别,所以容易得到详细及符合不同目的的管理信息,如产品、顾客及渠道等成本标的,甚至某一项目的各项作业所花费的成本等信息。所以,ABCM 信息可作为管理决策者从事各种不同管理决策的参考依据,这是传统成本制度所缺乏的。

三、准确合理的成本追溯或简化的成本分摊

成本动因是成本发生的原因,企业必须从了解及分析此成本动因中,方可

正确计算及了解产品的真正成本。正确产品成本信息可通过正确的成本动因来追溯成本至产品而获得。表 2-1 说明传统成本制度及 ABCM 成本追溯和分摊的不同。

表 2-1 传统成本制度及 ABCM 成本追溯和分摊的不同

二阶段分摊 分摊法	
	支持部门成本 ——第一阶段—→ 成本中心 ——第二阶段—→ 产品
传统成本制度分摊法	间接费用 ——————→ 成本中心 ——分摊—→ 产品 以直接人工小时、机器小时、销售量或销售金额为分摊基准
ABCM 分摊法	资源 ——追溯 资源动因—→ 作业中心 ——追溯 作业中心动因—→ 作业 ——追溯 作业动因—→ 产品

（出处：修改自吴安妮，1990 年，ABC 制度之精神：增强企业之竞争能力，会计研究月刊，第 62 期，第 94 页。）

传统成本制度及 ABCM 成本的主要不同，不在于第一阶段由支持部门成本分摊至成本中心或作业中心，而在于第二阶段将成本中心的成本分摊至产品成本。传统成本制度是以直接人工小时或机器小时为分摊基础，将成本由成本中心分摊至产品。因其仅用一种分摊基础太过简化，故常导致产品成本的计算不正确。在 ABCM 下，因同时考虑作业水平及成本动因，所以较易获得正确的成本信息。

四、以"作业"为骨干提供的信息或以"会计科目"为骨干提供的信息

成本管理信息的涵盖面既广又多，视其基本元素而定。就以"制造"而言，若企业的基本工程为"作业"或以传统的"会计科目"为基本骨干的话，其能提供的信息是很不相同的，如图 2-6 所示。

读者从图 2-6 可知，当基本骨干为"会计科目"时，仅能提供与制造相关的成本及费用面信息；反之，当基本骨干为"作业"时，可提供制造作业的成本信息、质量信息、时间信息及价值性（以顾客为观点）信息等。

从图 2-6 中，读者可明显看出作业基础信息与传统成本信息的差异在于：

（1）作业基础信息强调成本信息、质量信息、时间信息和价值信息的关系，尤其重视营运作业对顾客是否产生价值；而传统成本信息仅重视成本及利润因

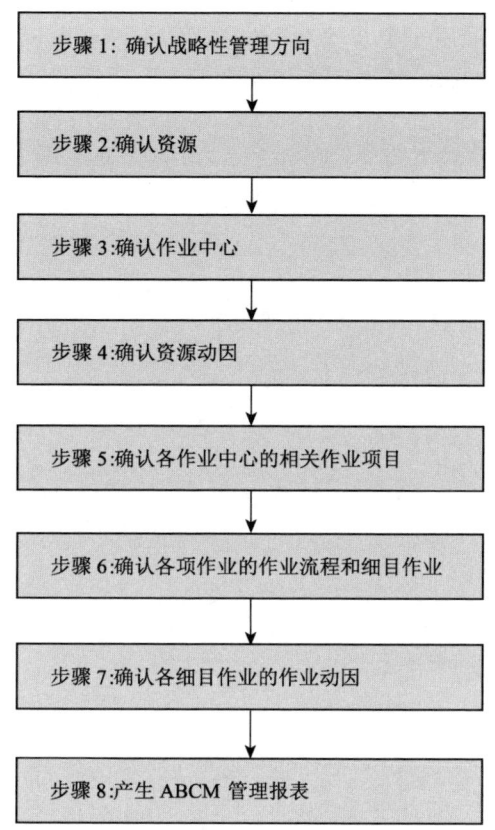

图 3-2　ABCM 的实施步骤图

（出处：吴安妮，2007 年，作业制成本制度之发展与整合方向，会计研
究月刊，第 263 期，第 63 页。）

步骤五：确认各作业中心的相关作业项目。

实施 ABCM 的第五步骤为确认各作业中心的相关作业项目，了解及整理出各作业中心执行的作业项目。

步骤六：确认各项作业的作业流程和细目作业。

实施 ABCM 的第六步骤为确认各项作业的作业流程和细目作业，根据各作业中心执行的作业项目，再引导出各项作业项目的细目作业。

步骤七：确认各细目作业的作业动因。

实施 ABCM 的第七步骤为找出各细目作业的作业动因，合理地把作业中心的费用追溯至细项作业及成本标的之中。

步骤八：产生 ABCM 管理报表。

实施 ABCM 的最后一个步骤为产生 ABCM 管理报表，将其作为公司高阶主管管理决策的参考依据。①

---

① 备注：本章的大部分内容，摘录自吴安妮，2007 年，作业制成本制度之发展与整合方向，会计研究月刊，第 263 期，第 60-76 页。

第四章

作业基础成本管理的
陷阱和常见问题

ABCM 受到越来越多产业及公司的重视,且有些企业已因实施 ABCM 而提升了管理的效益,如定价更合理、产品选择更正确和顾客管理更具方向性等。然而,企业在实施 ABCM 时,若不明白 ABCM 信息本质的话,则非常可能会误用 ABCM 的信息,而导致企业在执行各种管理决策时产生错误,对企业的影响深远。再者,当企业在思考是否导入 ABCM 时常会有许多的疑惑,而在导入时也会遇到很多的问题。

因此,本章首先拟探讨运用 ABCM 信息时一个很可能产生的陷阱、产生陷阱的原因,以及如何防范该陷阱,希望能借此提示产业界避免误用 ABCM 的信息,以增进 ABCM 在管理上的功能和效益;其次,本章摘录笔者与台湾 B银行陈副总经理讨论导入 ABCM 的相关议题,作为企业在决定是否导入ABCM 前的经验分享;最后,本章再对企业导入 ABCM 时会遇到的问题作简单说明。

第一节 作业基础成本管理的
陷阱和常见问题的根源

本章的第一节及第二节系由周齐武教授与笔者共同编写。我们深切地提醒企业在使用 ABCM 信息时,必须注意一大陷阱。ABCM 的单位成本基于"全部成本"观念,因而 ABCM 下产生的每一作业的单位成本,无法实际反映增支成本(incremental costs)的情况。以下兹以三民电子公司材料运送作业为例进行说明。

假设三民电子公司位于新竹科学园区,为供应顾客的需求,所以需设立产品运送部门。假设其顾客皆位于台北地区,且每位顾客皆在相邻之处,如新店。

公司在产品运送部门中提供两辆车子和两位司机每天持续运货给新店的所有顾客。为了维持每个月可以运送产品的产能,公司每个月的固定成本为$100 000,包括司机的薪水、车辆的折旧和维修等。而此每月$100 000 的固定花费,可以供给公司每月运送 100 次新竹至新店的产能。

此外,每增加一次运送所需的增支成本(如汽油、直接物料等的成本)为$500。所以公司 1 个月产品运送作业的总成本为:

$$\$100\ 000 + \$500 \times 运送次数$$

假设根据 100 次的运送(实质产能)作为计算产品运送作业的预计单位成本时,则产品运送的次数可作为追溯运送作业成本至产品的成本动因,且也可作为评估运送作业的效率和效果的因子。

根据上述成本架构,三民电子公司总预计的运送成本为:

$$\$100\ 000 + \$500 \times 100 = \$150\ 000$$

而预计的单位运送成本则为:

$$\$150\ 000 \div 100 = \$1\ 500$$

三民电子公司产品运送的作业成本,如图 4-1 所示。

当 ABCM 用户获得每一次产品运送的$1 500 成本后,很可能以此作为不同决策的参考:

(1)定价决策:若有同业希望公司能替他们运送产品时,则每一次的运送价格应该定为多少呢? 此$1 500 的成本很可能会被作为参考的价格。

(2)绩效评估:公司也可能把$1 500 作为内部转拨价格的参考,从而了解产品运送部门的绩效为何? 公司也可能以每次$1 500 的内部价格,来计算出公司其他需要运输的部门绩效。

(3)作为产品运送作业改善的参考:考虑通过由减少运送作业或删除运送作业的需求来降低成本。公司可能考虑的方案,包括表 4-1 所示的各项方法。

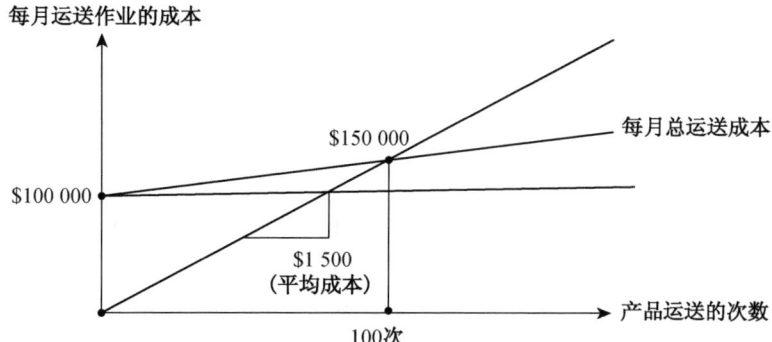

图 4-1 产品运送的作业成本图

（出处：周齐武、吴安妮，2000 年，慎防误用 ABC，会计研究月刊，第 174 期，第 70 页。）

表 4-1 通过管理耗用资源（成本）的作业来管理成本示范表

方法	做法举例
1. 减少使用作业的成本（即提升效率）	训练：增加运送人员的效率，从而降低运送的成本。
2. 减少或消除所需的作业	公司制定新政策，不再向顾客运送产品。但此方式可能会降低公司的竞争优势。
3. 选择可达成目的的低成本作业	如尽量使用新车来运送产品，因其运送的成本可能会比旧车还便宜（在此假设旧车的维修费用很高），或利用其他运输工具。
4. 作业共享	与其他公司或公司的其他厂一起从事产品运送的作业，达到作业共享的目的，从而降低成本。

（出处：周齐武、吴安妮，2000 年，慎防误用 ABC，会计研究月刊，第 174 期，第 71 页。）

当管理者以案例的 $1 500 为基础去考虑上述的各项决策时，将会是很危险的，因为 ABCM 的 $1 500，其实是基于"全部成本法"的观念得来的。而此观念无法正确地反映成本与作业量间的关系，如图 4-2 所示。

从图 4-2 中可知，B 线为管理者采取运送与否的行动决策，即若减少一次运送可节省的运送成本为 $1 500。而 A 线则为实际情况，即实际上减少一次运送可节省的运送成本为 $500。

若以 $1 500（即"全部成本"）作为管理决策的主要参考信息时，可能会造成下列几项问题：

（1）产品定价错误：假设公司的产能有剩余时，若有人愿意花 $1 000 请公司代为运送货品至新店一趟,而管理者认为运送的单位成本为 $ 1 500,以致无法接受,结果会出现资源的产能有剩余而未被充分利用的情况。当然管理者在考虑是否要接受此出价 $ 1 000 的客户时,还要考虑对其他客户的可能影响。但不可否认的是,决策时考虑的成本应为 $ 500,而非 $ 1 500。

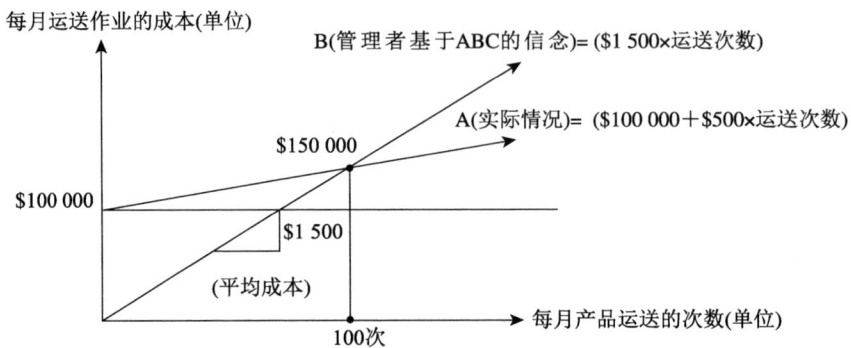

图 4-2　管理者的信念与实际情况的分析图

(出处:周齐武、吴安妮,2000 年 5 月,慎防误用 ABC,会计研究月刊,第 174 期,第 70 页。)

(2)错误或次佳(sub-optional)的管理作业:通过管理作业活动来控制成本是一项昂贵的工作,如加强训练、投资新设备等,因此在从事管理作业活动时,必须权衡其成本效益的情况。当管理者误以为单位的运送成本为 $ 1 500 时,他们会认为每降低一次运送,即可降低 $ 1 500 的成本,所以管理者会误以为只要降低一次运送的可行方案(如加强训练或投资新车辆),其成本低于 $ 1 500 时,便是有利的。其实每次运送的增支成本是 $ 500,而非 $ 1 500。因而为了降低一次运送方案,其成本要低于 $ 500,而非低于 $ 1 500,才是有利的行动方案。

(3)内部使用服务的错误决策:当其他部门拟使用运送服务时,因为从科学园区至新店的一趟运送成本会被收取 $ 1 500 的内部转拨价格,所以其他部门可能会不使用公司内部的运送服务,甚至认为外部的运送,比内部的运送还便宜,故使用外部运送。如此可能会造成内部剩余资源浪费的现象,其实只要运输一次所产生的价值大于 $ 500,便应利用公司的车子输送。所以 $ 1 500 元绝非内部使用运送作业的最佳成本信息。公司得考虑产能剩余的情况,来决定内部使用该项服务的价格。

总之,剩余的产能越多,内部使用时的取价应该越低,如此才能达到鼓励充分使用现存产能的目的,从而增进产能的有效运用。我们既已知 ABCM 信息可能会被误用,究竟 ABCM 信息陷阱的根源何在? 这确实值得深入探讨。

如前所述,ABCM 的作业单位成本为"全部成本"观念,笔者兹以 ABCM 的四大作业类别加以分析此"全部成本"包括的元素,如图 4-3 所示。

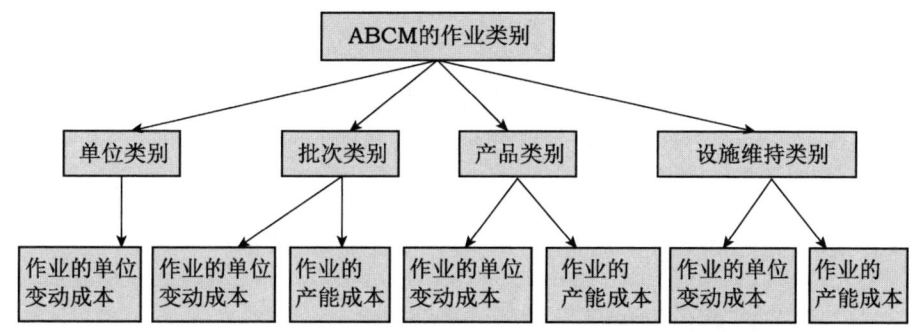

图 4-3 ABCM 作业类别下的"全部成本"元素图

(出处:周齐武、吴安妮,2000 年,慎防误用 ABC,会计研究月刊,第 174 期,第 72 页。)

从图 4-3 中可知,ABCM 的四大作业类别中,除了单位类别外,其他如批次类别、产品类别和设施维持类别的全部成本其实包括了两大元素:

(1)作业的单位变动成本:如前所述的 $500 的汽油和直接物料的成本即属此项成本。

(2)作业的产能成本:此部分属固定成本。如前所述为提供运送 100 次产品的产能成本为 $100 000,其单位预计产能成本为 $1 000。

读者因常把单位变动成本和作业的产能成本(或固定成本)混为一谈,故易造成使用 ABCM 信息的重大偏误。

其实 ABCM 中作业的单位变动成本可以反映作业效率的情况,作业的效率越高时,作业使用的频率越少,或每次作业所需的变动成本越低,此两者都会使单位变动成本下降。而作业的产能成本则可协助管理者了解产能运用的情况,若有产能剩余或产能闲置的情况时,这表示公司的产能管理不佳。

因此,ABCM 信息其实包括了"效率管理"和"产能管理"两大主轴,因两者的内容及性质不同,其中作业的单位变动成本是可以随着作业使用量的多寡及其效率而变动,而作业的产能成本则是公司一旦决定后就无法在短期内改变的,此部分不因作业使用量的短期变化而改变。所以,使用

ABCM 信息时应特别注意这两种成本的区别。

第二节　避免作业基础成本管理的陷阱

　　了解 ABCM 的陷阱和问题的根源后,现在就来探讨如何避免 ABCM 的陷阱及其产生的问题。周齐武教授与笔者建议:其解决之道在于将作业成本中的变动和固定(产能)部分加以分开,并进行不同的管理工作。本节仍沿用前一节的案例说明,当将两者分开后,其应遵循的原则及方向如下。

一、有关作业的"单位变动成本"部分

　　在此应注意单位变动成本是否具有效率性,可作何种努力来提高效率。例如,产品运送人员速度要快,而非慢吞吞的,还要利用最佳的路线到达目的地,如此才可降低 $500 中的汽油费等。

　　除了考虑效率外,最为重要的应该是非常谨慎地将钱花在可增加产品附加价值的作业上,亦即在检视单位变动成本时,即使成本已具效率性,但还得确定以下内容:作业是否提升了产品的附加价值呢? 例如,虽然运送速度很快,可是运送的产品错误连连,或途中出现很多损坏品时,顾客会要求重新送货,有时也会因此而延误顾客的工作,导致顾客满意度下降,以后就不再向公司购买产品,反而造成公司极大的损失。又如,公司每天运货给顾客,但顾客其实不急,2 天送货一次即可,所以在顾客眼中每天运货的价值并未相对增加。事实上,2 天运货会下降运送的成本,又不会降低顾客心中的附加价值,何乐而不为呢?

　　所以说作业的效率固然重要,但若作业是毫无或低附加价值的话,还是会因其对作业单位变动成本的增加,而造成公司的损失。

二、有关作业的"产能成本"部分

　　有关作业的产能成本,其作用是为公司提供某数量的产能量,如 1 个月可以运送 100 次的新竹至新店的作业量,此为供给部分。有关产能的供给部分,管理者应该谨慎地评估及规划最适当的供给产能。就长期来说,若运送 100 次的产能过剩时,如每个月仅需运送 70 次,则公司存在着 30 次运送的超额产能。

假如超额产能长期持续存在的话，管理者应重新评估产能决策，从而控制和管理产能成本，或许设法删减部分产能，如减少一辆车及一位司机，或以兼职司机代替正职司机等。

要使管理者注意到未被使用的产能，其实并不需要通过成本制度，如前所述 30 次运送即为超额产能，相应的产能成本为 ＄30 000(30×1 000)。但又有人可能会质疑，管理者关心的是财务上的绩效衡量，如利润、收入和成本等。所以若将未被使用的产能由 30 次单位转为金额来表达时，更可能引起管理者的关注，因为管理者常关心财务报表的金额数字。

假如还是希望将未被使用的产能转为金额来表达，紧接而来的问题是：未被使用产能的单位成本该是多少才是恰当的？ 有人认为是 ＄1 000，因为产能未被使用，即属一项"损失"。甚或有人会把超额产能的成本全部转嫁给现有的使用者或顾客，从而降低公司的"损失"，其实这种做法是不对的。因为这么做不仅可能会使顾客或内部使用者降低购买或使用公司的作业量，致使产能剩余的现象更加严重，甚至可能会大大地降低了公司的竞争优势，影响公司的长期生存。

其实未被使用产能的单位成本，不太可能是 ＄1 000。因为一旦产能量确定后，产能使用与否都不会改变总产能成本（如 ＄100 000），此成本与单位变动成本是不同性质的。既然供给已固定，无法改变，只有充分利用作业的供给量，而不该将注意力放在超额产能的"单位成本"上。

未被使用产能的实际影响为：公司能否生产更多产品且由这些增加的产出中获利。换言之，未被使用产能的实际成本来自于因未生产且出售的产能所放弃的利润的"机会成本"。然而，我们要将未使用的产能以"机会成本"的方式来表达并非易事，因为我们得预计未生产且出售的产品量为多少？ 而其预计的价格及成本各为多少？ 如此才能求得预计利润的"机会成本"。以上的预计数字皆不易求得。为此应退而求其次，再寻找其他有效方法来提醒管理者注意其产能利用的问题。

上述 ＄30 000(30×1 000) 可能具有提醒管理者的功效，尤其当金额较大时。但应该注意的是，该金额并非"机会成本"，不可当作管理决策的参考，只可当作提示的目的。根据前面的案例，可知三民电子公司的产能情况如下：

（1）正常产能：100 次的运送。

（2）实际产能：70 次的运送。

（3）闲置产能：30 次的运送。

虽然有 70 次的实际运送，但有其中可能只有 60 次是具有生产力或具有附加价值，即运送的货品皆为良品，且为正确的产品。其中可能有 10 次是不具生产力的运送，如运送不良品、损坏品，或错误的产品等。其他不具生产力的运送还包括日常维修货车而损失的产能；或是走错路线所花的额外时间；或因供货商、客户或内部作业的不确定而造成停工，从而缓冲产能的损失部分。

当不具生产力的产能越多时，公司的成本负荷就越重，这值得管理者注意。有关闲置产能的 30 次运送部分，有可能因合约限制或管理政策改变，如不再运货给小客户等，致使运送的产能闲置；也可能是公司的市场占有率下降，顾客已流失，而又无力拓展新客源，导致实际可运送的货品越来越少，因而产生运送产能的闲置。总之，不管闲置理由为何，管理者皆要深入了解，且有效掌握，如此才能真正解决产能闲置的问题。

有关产能管理的课题，Consortium for Advanced Manufacturing-International（简称 CAM-I)模式可供读者参考，其产能分析如图 4-4 所示。

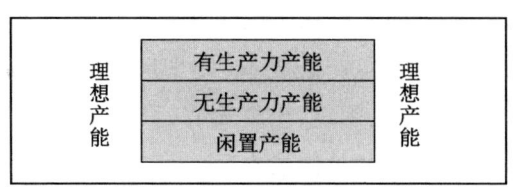

图 4-4　CAM-I 模式产能分析图

（出处：周齐武、吴安妮，2000 年，慎防误用 ABC，会计研究月刊，第 174 期，第 74 页。）

CAM-I 模式将产能区分为四类：

（1）理想产能。

（2）有生产力产能。

（3）无生产力产能。

（4）闲置产能。

其中，无生产力产能发生的原因包括：换线、日常维修、待工和浪费等。

闲置产能则包括：

（1）受限闲置(如政策或合约因素)。

（2）有市场闲置（如无力拓展市场）。

（3）无市场闲置（如根本没有市场等）。

读者可参考 CAM－I 模式来了解公司产能利用的情况及发生无生产力和闲置产能的真正原因，从而有效地管理产能，而非一味地注意 ABCM 的单位成本；否则，易使管理弄错了方向，相当危险。

有关产能成本的部分，首先，读者需注意应该提供的最佳产能量为何？产能不宜提供太多而闲置，或太少而不足。其次，得慎重考虑供给的产能实际使用的情况，为何有闲置或无生产力的产能存在？又该如何去除及改善产能剩余的现象等，这些皆为产能成本管理的重要课题。对制造业而言，当公司越走向自动化，产能成本（或固定成本）所占的比重就越多，所以如何有效地管理产能成本实为一项不容忽视的课题。

对服务业而言，大部分作业成本皆为产能成本，如银行、饭店、餐厅或航空公司等，因该行业无法储存其产出或服务量，如饭店的客房或飞机的座位，今天不住或不搭乘的话，就闲置了，根本无法储存，因此服务业更应审慎地从事产能成本管理。也就是说，必须慎防误用 ABCM 的信息，即将注意力集中在作业的"固定"或"产能成本"，而非 ABCM 的单位"全部成本"上。

第三节　导入作业基础成本管理常见的问题

笔者长期钻研 ABCM，以及观察研究两岸企业的经验，现将企业导入 ABCM 时常遇到的问题整理如下。

一、实施 ABCM 短期、中期、长期的规划问题

当企业决定实施 ABCM 之后常会遇到的问题是：我们应该如何实施？从哪里开始实施？笔者认为此问题涉及短期、中期、长期的规划问题。ABCM 的基础工程为"作业"，笔者认为在实施 ABCM 之前，企业的作业流程合理化、作业管理和分析的工作应该先做，亦即应该先打好"基础工程"，才能有事半功倍的效果。当基础的"作业流程"工程完成后，短期应以完成 ABCM 为主，中期以

完成作业基础预算(Activity-based Budgeting,简称 ABB)为主,长期则以达到整合性战略成本管理制度的方向为主。

二、实施 ABCM 该先从直接作业还是间接作业着手

ABCM 的实施范围应包括企业所有价值链的作业,即包括直接作业(如制造和运送产品的作业等)、间接作业(如会计和人事作业等)两部分。但从哪一部分先着手呢?笔者认为应先以直接作业部分为主实施,如从制造作业先从事 ABCM 的分析时,较易掌握方向,因制造作业和流程较易厘清及划分,所以在从事 ABCM 分析时也较易有明确的效果。对服务业而言,在实施 ABCM 之时,应先确定服务的产品,然后再厘清其相关的作业,因为对服务业而言,其服务的内容往往不易具体化,所以第一步得先确定"服务"的内容为何?如此才能顺利地实施 ABCM。

三、企业的 ERP 系统为何没有掌握管理细胞"作业"信息的能力

在实务中,笔者观察到不少企业都设置有"企业资源计划系统(Enterprise Resource Planning,简称 ERP)"。它整合及产出企业内部作业流程和交易的不少信息,为何会被认为没有掌握"作业"这个管理细胞信息的能力呢?

问题出在哪里?最常见的理由是企业在设置 ERP 信息系统时,并没有强化 ABCM 的设计逻辑,ERP 接口虽然设计了很多确认点(check point),也能产出不少窗体,但只作为企业管控的工具,且 ERP 中的会计模块未能与其他营运模块紧密地结合,即会计系统的细胞——会计科目,与营运的管理细胞——作业无法结合为一体,故产出的信息较难作为企业管理决策的参考依据,这可能是对作业基础成本管理缺乏认识所致。

四、实施 ABCM 信息搜集和处理的问题

有些人谈及 ABCM 时,犹疑却步最主要的原因即是 ABCM 所涉及的范围广且深,信息搜集太复杂,耗费太大。搜集资料最重要的就是要考虑成本效益问题。若企业实行 ABCM 的目的,仅是达到"成本分摊"的合理性时,则资料搜集的成本根本就不足以构成效益。其实 ABCM 只是一个开头,它是传统成本制度的再生,实施 ABCM 真正的目的是要做到整合性战略成本管理的功能,即

达到 Kaplan 和 Cooper 所说的第四阶段的成本系统的功能时,其效益才会最大。

又据笔者经验显示,在实施 ABCM 时,资料大约包括三类:①数据已存在,且在计算机文件中;②数据存在于日常的管制报表中,但仍未建档;③数据仍未存在。一般而言,企业经营较久时,前两项的信息往往已有不少,因而只要再花一些工夫设计窗体,搜集仍未存在的数据后,即可解决数据搜集的问题,而非如一般人想象的要花很多心思搜集资料。

五、实施 ABCM 时成本动因的选择

在 ABCM 中,最需要搜集的是资源动因和作业动因的数据,这两项皆称为成本动因,搜集这两项成本动因的资料时必须注意下列问题:

(1) 产能问题:产能包括实际产能和预计产能两种。例如,银行 ATM 的使用时间可区分为实际使用时间(实际运用产能)和预计可使用时间(预计产能)的问题。何时使用实际产能? 何时使用预计产能? 不同产能会用在不同的决策功能上,如预计产能适合定价,而实际产能则适合绩效评估。

(2) 生命周期问题:常有人会问失败的客户要分摊营销作业的费用吗? 又问成功的客户要如何分摊营销作业的费用呢? 这其实与"生命周期"问题有关。就后者而言,若我们能事先预计成功的客户留在企业的生命周期,如为 10 年时,则应将营销费用分 10 年分摊给客户。

(3) 成本动因的选择:常有人会问对个别资源或作业的成本动因的选取而言,应该选一个还是两个或两个以上呢? 笔者认为若能找到一个最具代表性的成本动因时,则以一个为宜。其实为实施之便,应尽量选择一个成本动因。

六、实施 ABCM 时如何解决计算机化问题

实施 ABCM 时不可避免地会涉及大量计算机化的工作,因而如何解决计算机化的问题呢? 有两个途径:①自行设计程序;②使用现成的软件(packages)。如此可降低设计和实施的人力过多及时间过长的问题。

七、某座谈所讨论的七大议题

《会计研究月刊》于 2007 年邀请时任台湾 B 银行陈副总经理(以下简称陈

副总)与笔者座谈,分享 ABCM 协助企业创造价值的经验,以及就时间导向作业基础成本管理(Time-driven Activity-based Costing Management,简称TDABCM)的精神对企业有何正面效益进行讨论。而这次座谈所讨论到的相关议题,也是许多企业在深思及评估是否导入 ABCM 时最常遇见的问题及疑虑。故笔者将此座谈所讨论的七大议题内容,摘录如下,以供读者参考。

议题 1:成本效益是许多公司导入 ABCM 首要考虑的问题,但如何确信通过ABCM 所节省的成本和所创造的效益会大于导入的成本?

陈副总:考虑导入 ABCM 的企业可能一开始会碍于初始成本的投入不菲而作罢,这成本包含了财务部门相关的成本、前端导入的成本,以及信息系统的成本。但是应该要思考:这个制度建立后,未来打算要使用几年?ABCM 导入的成本的确很高,但是考虑到日后长远的效益,个人认为尚未到企业无法负担的程度。

笔　　者:导入 ABCM 的企业在考虑成本效益的问题之余,别忽略两个重点:一是 ABCM 的导入除了可说是一次性(one time)的投入之外,同时也要有维持制度长远运行的信念;二是必须完全以"管理"为主导,如果制度的导入仅是为了成本分摊计算所用,个人认为是没办法发挥制度所带来的价值,同时也真的是成本过高而不值得推行。但如果出发点是希望这个制度能成为企业管理的基础工程,设计好用且有用的工具,提供产品、顾客、渠道流通和员工等所需要的管理决策的信息,才是制度导入的主要精神,而这些不同构面的管理,无论对哪一种行业均同等重要。

议题 2:导入 ABCM 遇到的最大困难是什么? 如何克服?

陈副总:当时最大的困难在于,算出成本后提供给业务单位时难以被接受。ABCM 所算出的成本与他们原本认知的成本有差异,因此在面对ABCM 所计算出来的结果时,财务部门与业务单位常有争论。经过逐一将成本拆解的流程摊开,及多次的沟通解释之后,前端的业务单位也就能够从一开始的怀疑,到接受这样的成本计算方式,这个过程是很长的。有时业务单位对成本分摊方式的质疑也会是对的。例如,ABCM

团队对于某些作业时间的衡量和作业活动的分割是不恰当的，需要靠双方你来我往多次的争论，才能将制度尽可能地调整到符合实际状况。

笔　者：在导入时，ABCM 团队与业务单位的争执，就是接受新观念的开始，如果对方不肯接受所提出的观念时，代表对方根本不在意，因此有争论是件好事。

议题 3：导入 ABCM 至今，效益如何呢？

陈副总：当业务单位接受 ABCM 的成本计算方式后，紧接着是如何应用的问题，即如何将成本管理的工具，再应用为其他管理构面的工具？例如，最基本的是通过 ABCM，不断评估作业流程，检查是否有哪些部分可以调整，以节省时间与成本。当成本的分摊可以细致到单项产品、单个客户（账号）时，就方便作管理上的运用了。

　　应用于管理方面，如客户管理，因为 ABCM，我们可以合理计算客户的获利贡献，当一个客户对银行的整体贡献值是负值时，银行将特别针对这些客户作分析并思考应对策略：为何选定的客户无法有获利贡献？是否为成本的问题？银行为了服务这位顾客花了哪些成本？花在哪些方面？是否有改善空间？或是客户经营的深度不够，是否要加强交叉销售？还是客户尚在建立关系期，需拟定妥善的业务策划来长期经营？或是定价过低，应作调整？或是针对某些服务，应向这位客户收取一些费用（差别取价），以补贴提供服务的成本？这些管理决策，都必须在有客户利润贡献度数据库（Customer Profitability Management，简称 CPM）之后才能办到，而 ABCM 正是建构 CPM 的基本元素之一（客户经济价值贡献＝客户收入－作业成本－风险成本－资本成本），没有ABCM，CPM 决策有用性会大幅降低。

　　目前，ABCM 已可算出单位产品和单一客户的损益信息，即可以得知某一客户买某一产品的成本（包含资金成本、风险成本、作业成本和资本成本等）与收入，最后算至单位客户的经济价值，这样一来也就使银行便于进行组织的设计。从法人金融的管理来说，已经打破分行的限制，无论法人是在哪个分行进行交易，交易信息都会汇总到数据库中，因此可以得知银行对该名法人所付出的所有成本总额，或赚取收益的总额；在过去尚未有这样的信息时，衡量损益会受限于各分行，仅能分开计算，而各分行的大型客户、个人客户却又混着计算，常有无法一窥全貌之憾。

笔　者：ABCM 对管理功能带来的效益有两个：一是可以重新评估流程，进行流程的改造或重组；二是在战略面，可以协助管理者进行战略思考，如何经营客户、产品和流通渠道等。

议题 4：目前贵银行仍有成本尚未经由 ABCM 分摊，原因是什么？

陈副总：ABCM 于 10 年前导入我们银行时，对于成本的分摊当时已设计得十分精细，然而随着这几年来银行业务重心的改变，当初 ABCM 主要分摊的业务，已不再是银行获利来源的重点，而近年来新增的财富管理业务、企业的现金管理业务，使客户的要求更多元化、更为弹性等，这都是过去未曾出现的，或是比重不高的部分，因此 ABCM 在这些新业务的部分系统仍设置得不够完全（如无系统记录被服务的对象）。可见制度的导入和维持都是相当重要的。

笔　者：最大的问题应在于制度没有长期地被维持与更新。当组织、作业有变动，ABCM 同样也必须跟着配合修正。公司若没有固定的人员专职维持制度，就会有制度与营业活动脱节的情形，同时 ABCM 团队的人员流失，也会造成制度与经验的流失。因此特别建议要导入 ABCM 的公司，务必要争取高阶管理者的持续支持，并由专门的人员负责制度的更新与完善，让制度成为融入组织"细胞"里的"DNA"。

议题 5：ABCM 如何与其他管理制度结合？

陈副总：就本银行而言，在组织的调整方面，当可以算到单一客户的贡献时，即可根据客户的不同属性来进行分类与管理，而不再由各分行分开计算，方便利润中心的切割；在绩效奖酬的部分，通过 ABCM 可以算出员工对股东价值的贡献，并依贡献程度来发放奖金；而在风险管理的部分，则可推算经营某位客户需要准备多少资本以负担可能的风险，而所准备的这些资本在未来回收的程度如何，寻找提高资本运用效率的最佳方式等，这需要 ABCM 所提供的信息，当然也包含前述顾客管理与顾客选择的功能。

　　另外,在进行并购时,也可通过 ABCM 来估算被收购者的价值。一般传统的银行只有财务报表数字而难以切割,而采用 ABCM 的方式,在推算时可以将不同的产品线,如法人金融、个人金融和信用卡业务等,以自身的经验去推算对方各产品线对总收益的贡献,估计在收购后,对公司整体的价值为多少,以求得合理的收购价格。

笔　　者:日前在大陆曾遇到某台湾电子公司,令人相当惊艳,该公司可推算出未来 2 个月的个别顾客的获利状况,也是采用 ABCM 的概念。在了解该公司的计算方式之后,发觉其计算方式是在接到顾客的订单之后,根据顾客预订的产品所需原料推算相关成本,以得出该名顾客未来所带来的收益。如此一来不但可以及早向股东报告未来的获利情形,且不至于有过大的预测偏差,还可以在接单之初,预先计算成本可能上涨的空间,与客户协商合理且可获利的价格,以避免接单等于亏本的情形发生。

陈副总:诚如吴老师所述,现在有许多公司在做某项产品时,甚至不清楚这项产品是否能够赚钱而只是盲目地杀价竞争。对银行来说,可在推出某项产品之前确知是否能获利,无法获利者就会提早放弃,既是为了在市场上保持一定曝光率的战略目的,也可因为提前得知无法获利而不至于投入过多的资源,并将资源转至其他的蓝海型商品与蓝海市场。

议题 6:贵银行的 ABCM 是怎样有时间的概念(time driven)?

陈副总:我们银行的 ABCM 其实与 Kaplan 和 Anderson 所提出的 TDABCM 有部分类似,即将作业成本除以作业所需的时间,得出每单位时间的成本(unit price),如以到柜台开户为例,我们将开户必须进行的动作区分为若干动作,并衡量各个动作所需要的时间,服务一位顾客所需的时间乘上单位时间的成本,即是服务该名顾客的成本。与 TDABCM 稍有不同之处在于,TDABCM 将某作业中心的总作业成本除以其所花费的总时间,来得出其单位成本。

笔　　者:TDABCM 的精髓,在于必须用时间方程式进行运算,然而 Kaplan 和 Anderson 提出以整个作业中心来计算其单位成本,个人看法认为会牺牲一些需要的管理信息。举例来说,在同一个作业中心里,有些事情由低阶人员完成,成本较低;有些事情必须由高阶人员来完成,成本较高;有些事情是先经由低阶人员承办后,再由高阶人员完成。低阶人员与高阶人员的成本显然不同,但若是以 TDABCM 的概念来分摊,是将低阶、高阶人员的成本混合相加,除以低阶、高阶人员所花时间的总数。Kaplan 和 Anderson 的出发点或许是为了简化 ABCM 原有的复杂计算,然而个人认为有些计算若是过度简化,就失去 ABCM 导入的意义,甚至丧失其所含的管理意义与精神。

另外值得注意的是,并非所有的作业活动适合以时间衡量。以不良品的检验为例,检验的次数越多,不良品成为落网之鱼的机会就越少,而与检验时间增加无绝对的关系,对管理者来说,用 TDABCM 以时间作为分摊动因就显得较无参考价值。

因此 B 银行的 ABCM 虽然是以时间来衡量,不过作业中心里仍区分不同的作业,并且分别计算单位成本,因此不建议 B 银行简化为 TDABCM 的计算方式。

议题 7:在什么样的情况下,适合导入 TDABCM?

笔　者:由于 TDABCM 将成本分摊的动因简化至时间与空间,Kaplan 与 Anderson 的出发点可能是为了简化 ABCM 原有的复杂计算,因此在使用 TDABCM 时要特别注意,不可为了计算的方便,而丧失了 ABCM 的管理本意。

陈副总:导入 ABCM 的主要目的之一,是为了找出成本从何发生、如何发生的成本动因,若无法贴切地抓住成本动因,其结果很可能会造成成本不知是如何发生的,也因此无法管理成本,无法比较各产品间、各客户间的差异是如何造成的。

对我们银行来说,由于规模已到一定的程度,因此成本的分摊力求精细。不过若是较为小型的组织,如海外子分行,因作业有其独立性,规模尚小,也许可从 TDABCM 着手导入,加快导入 ABCM,使组织成员能够较快地接受 ABCM 的概念并运用于业务上,而不会因为太过复杂而花上许多时间。

笔　者：不过，有个必备条件，若是直接导入 TDABCM，很有可能陷入以计算解
　　　　决问题的思路里，所以建议企业若有想法导入 TDABCM 时，仍必须按
　　　　部就班画出公司的价值链，找出作业动因和影响作业量的原因，即先要
　　　　厘清 ABCM 的精神。

　　如果 ABCM 产出的信息正确可靠，企业不仅减少不必要的资源浪费，还能
将资源作更为合理和有效的配置。笔者认为 ABCM 要能落实到实际的管理作
业，企业可能必须花费数年工夫，但这种为企业奠定永续经营的基础工程是非
常值得的。

　　这时，笔者会尽可能提醒企业领导人，ABCM 系统最终的目的是为了提升
管理决策信息的准确度，并省下不必要的浪费，往更符合战略发展方向的作业
前进，让企业整体资源得到更有效益的运用。所以运用 ABCM 进行"价值管
理"时，一定要回到战略逻辑与人性，以此作为取舍原则，千万不要因为有了
ABCM 分析的能力，就过度在乎短期利益，忽略了潜力市场与顾客的长期价值，
产生因小失大的后遗症。

　　至于规模较小、无法负担 ABCM 建构成本的企业，笔者的建议先是从 ERP
的实施开始，且从拆解作业流程等基本功做起；然后，随着企业规模成长，一步
步发展新的"价值管理制度"，一一地奠定企业必备的基础工程，如此才易达到
长治久安的经营方向和目标。[①]

---

　　① 备注：本章的大部分内容，摘录自周齐武、吴安妮，2000 年，慎防误用 ABC，会计研究月刊，第 174
期，第 67-74 页；庄乔安整理，2007 年，ABC 的过去与未来——政治大学会计系吴教授与 B 银行陈副总经
理的深度对谈，会计研究月刊，第 263 期，第 75-81 页。

第五章

时间导向作业基础成本管理
的兴起

　　自从 1986 年 Kaplan 和 Cooper 两位教授提出 ABC 以来,全球的企业相继投入大量人力和物力实施 ABCM。多年实施结果显示:相较于实施平衡计分卡(Balanced Score Card, 简称 BSC)的企业而言,实施 ABCM 的企业仍属少数,其中一个主要原因是 ABCM 在搜集资料及成本计算过程中,较为繁琐。为解决 ABCM 在实务界运用时所遭遇的困境,Kaplan 和 Anderson 于 2004 年提出了时间导向的 ABCM 观念,并于 2007 年 4 月推出新书《Time-driven Activity-based Costing(TDABC)》,这使 ABCM 迈入另一个阶段,即 TDABCM 阶段。麦可·波特(Michael Porter)在其 2014 年所出版的《哈佛教你推动:医疗管理——领导人不可不知、全民不可不懂的变革大趋势》一书中,说明要准确地计算医疗成本是很困难的,主要原因在于医疗服务流程非常的复杂,每位病患涉及多种不同的医疗资源,所以麦可·波特建议可以采用 Kaplan 和 Anderson 所提倡的 TDABCM 来计算医疗服务成本,因此种计算方法只需要提供医疗服务流程中的两个变量:流程中的各项医疗资源成本和各病患使用各项资源的时间,就能轻易地计算出各项医疗服务的正确成本。有关 ABCM 的发展历程如图 5-1 所示,笔者将 TDABCM 之前的 ABCM 称为一般型 ABCM(General ABCM, 简称 GABCM)。

　　笔者认为如何从 GABCM 和 TDABCM 的观念中,撷取各自的精髓和优点,从而达到两种管理制度的整合效益,及如何将 ABCM 与其他管理制度整合,从而充分发挥 ABCM 的作用,是 ABCM 未来的重点发展方向。本章节主要分为三个部分来探讨时间导向作业基础成本管理的精髓和内容:第一部分为探讨时间导向作业基础成本管理的精髓;第二部分从 GABCM 和 TDABCM 的差异比较分析入手,探讨时间导向作业基础成本管理的内容;第三部分则探讨GABCM 和 TDABCM 的整合方向。

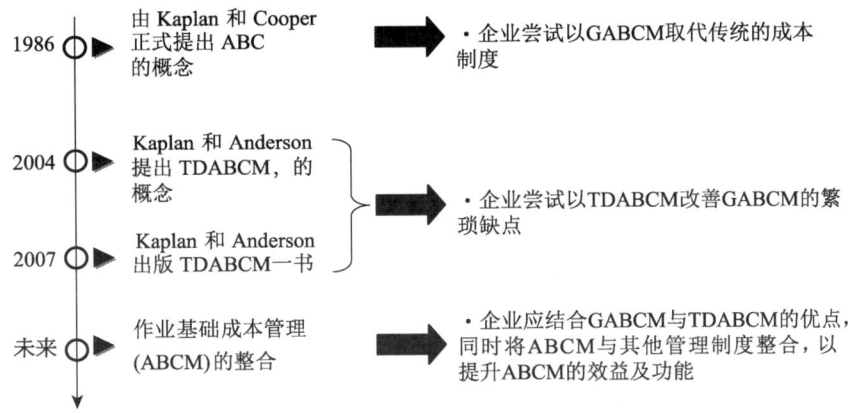

图 5-1　ABCM 的发展历程图

(出处:吴安妮,2007 年,作业制成本制度之发展与整合方向,会计研究月刊,第 263期,第 61 页。)

第一节　时间导向作业基础成本管理的精髓

实务界普遍认为,ABCM 复杂的主要原因来自于 GABCM 第二阶段中作业相关信息的搜集与作业动因选取的困难度,因此 TDABCM 大幅简化了GABCM 的复杂程度,TDABCM 将作业发生的原因(动因)全部转化为以“时间长短”为计算基础,图 5-2 为 TDABCM 的基本架构。但 Kaplan 和 Anderson并未谈及如何将资源分摊到作业中心。有关此部分做法,笔者建议:运用GABCM 的观念,通过资源动因进行分摊为宜。当资源分摊到“作业中心”后,读者首先得算出单位时间的产能成本(cost per time unit of capacity, piece rate),即资源成本除以作业中心的实质产能;其次到“作业”层级时,读者需算出作业活动所需耗用的时间(the unit time of activities)。

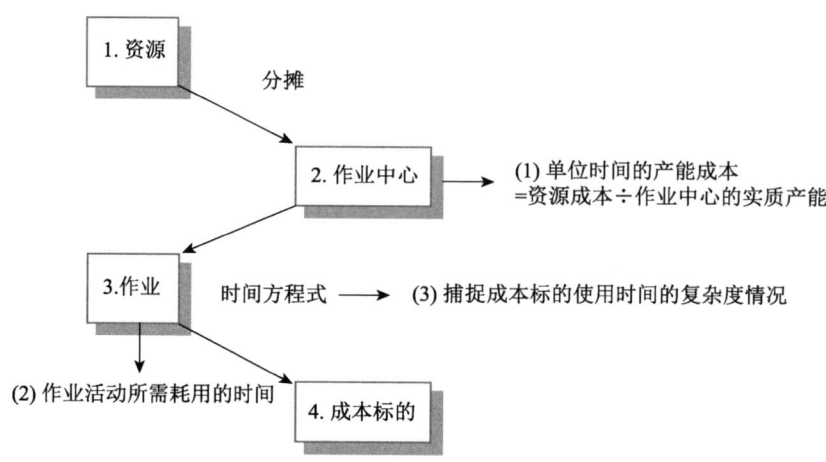

图 5-2 TDABCM 的架构图

（出处：吴安妮，2007 年，作业制成本制度之发展与整合方向，会计研究月刊，第
263 期，第 61 页。）

为了计算出成本标的的成本，读者得再通过时间方程式的设计来捕捉营运
的复杂度，从而能真实反映成本标的的成本。

读者由图 5-2 可清楚地看出 TDABCM 主要的三部曲为：先决定单位时间
的产能成本；再决定作业活动所耗用的时间；最后通过时间方程式来捕捉成本
标的使用时间的复杂度情况，进而计算出成本标的的成本。

Kaplan 和 Anderson(2007)特别强调 TDABCM 不但能处理"时间产能"的
成本，同时也能处理"空间产能"的成本。此管理制度主要精髓在于解决各项
"产能成本"的计算，但其先决条件为读者能运用"时间方程式"来捕捉作业的复
杂程度。是否每项作业耗用的成本皆与产能成本有关呢？是否每项作业的复
杂度皆可运用时间方程式来运算呢？这些问题皆值得更深入的探讨与研究。

第二节　一般的作业基础成本管理与
时间导向作业基础成本管理
的差异比较分析

前面已简单说明 TDABCM 的架构，它与 GABCM 的差异有多大呢？对管

理有何影响呢？笔者简单地说明 GABCM 与 TDABCM 的差异比较分析如下。

一、分摊逻辑与管理意义的比较

GABCM 与 TDABCM 成本分摊逻辑的最大差异点在于 TDABCM 系将所有的作业皆转换成以"时间"为观点的动因,而不是根据不同的作业特质找出不同的"作业动因"。读者由图 5-3 中可看出 TDABCM 可解决 GABCM 成本计算的繁复问题,因此 TDABCM 对企业最直接的效益在于缩减 ABCM 设计与实施的时间和成本。

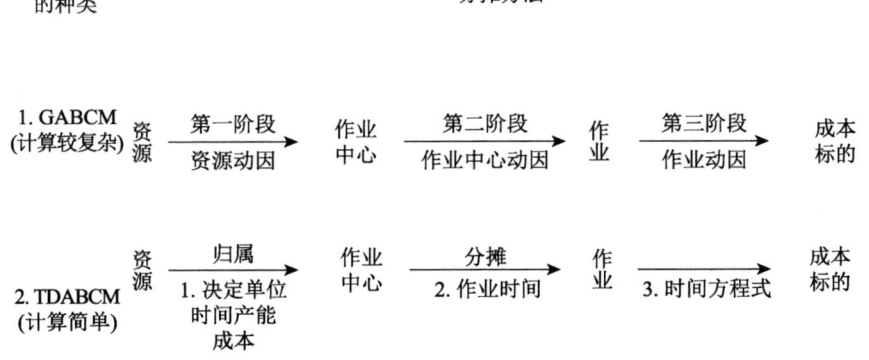

图 5-3 GABCM 与 TDABCM 成本分摊逻辑的差异图

（出处：吴安妮,2007 年,作业制成本制度之发展与整合方向,会计研究月刊,第 263 期,第 62 页。）

笔者认为,对企业而言,若只一味地为强化成本计算的简便性,便将每项作业的动因皆设定为与时间或空间有关,势必降低或忽略其他动因对管理决策的影响。例如,"检验"在 GABCM 下其成本动因为检验次数,在 TDABCM 下则为检验时间,对检验人员而言,他们可能较关心检验次数的多少对产品质量的影响,因而"检验次数"较"检验时间"可能会带给管理者更多的管理意义。GABCM 与 TDABCM 在管理意义上的比较如图 5-4 所示。

读者由 GABCM 和 TDABCM 的比较即可清楚地了解 GABCM 主要解决管理决策信息需求的问题,而 TDABCM 主要解决 GABCM 的成本计算复杂的问题,这也是 GABCM 较 TDABCM 影响力更大的主要原因。截至目前,笔者并未从国内外相关文献中看到太多的研究者探讨 TDABCM,足见 TDABCM

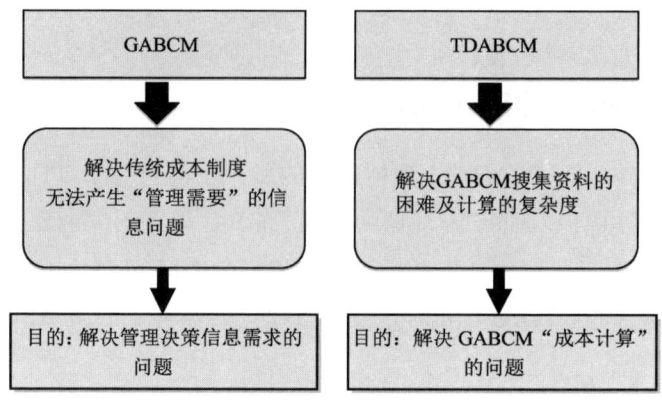

图 5-4 GABCM 与 TDABCM 的管理意义比较图

(出处:吴安妮,2007 年,作业制成本制度之发展与整合方向,会计研究月刊,第 263 期,第 62 页。)

迄今的影响力并不大。笔者认为组织要实施 ABCM,得先了解 GABCM 的内涵和精髓,切忌急躁地导入 TDABCM,若一味地关心成本计算问题,反而可能使所产生的管理决策信息无法符合管理者的需求。

二、实施步骤的比较

有关 TDABCM 与 GABCM 在实施步骤上的差异,笔者以金融业的甲银行 A 分行为例,说明两者实施步骤的异同,如图 5-5 所示,读者从图 5-5 中可看出两种制度在实施步骤上的两项主要差异。

其一,是在实施的八大步骤中,GABCM 与 TDABCM 在确认战略性管理方向、确认成本标的、确认作业中心、确认资源分类和资源动因,以及产生各种 ABCM 管理报表五个步骤上是相同的,其他步骤皆不同。

其二,则是 Kaplan 和 Anderson 于 2004 年所提出 TDABCM 的重点为将所有的作业皆转换成以"时间"为观点的动因,而不是根据不同的作业特质找出不同的"作业动因"。

有关 GABCM 的实施步骤已于第三章第二节详细阐述。笔者再次以某银行为例,简单地说明 TDABCM 的实施步骤。由于 TDABCM 从资源至作业中心的分摊逻辑与 GABCM 前四个步骤和最后一个步骤皆相同,在此拟从作业中心分摊到各作业(步骤5)的内容开始谈起,介绍步骤 5、步骤 6 和步骤 7 的内容。

有关甲银行 A 分行的 TDABCM 的实施架构如图 5-6 所示。

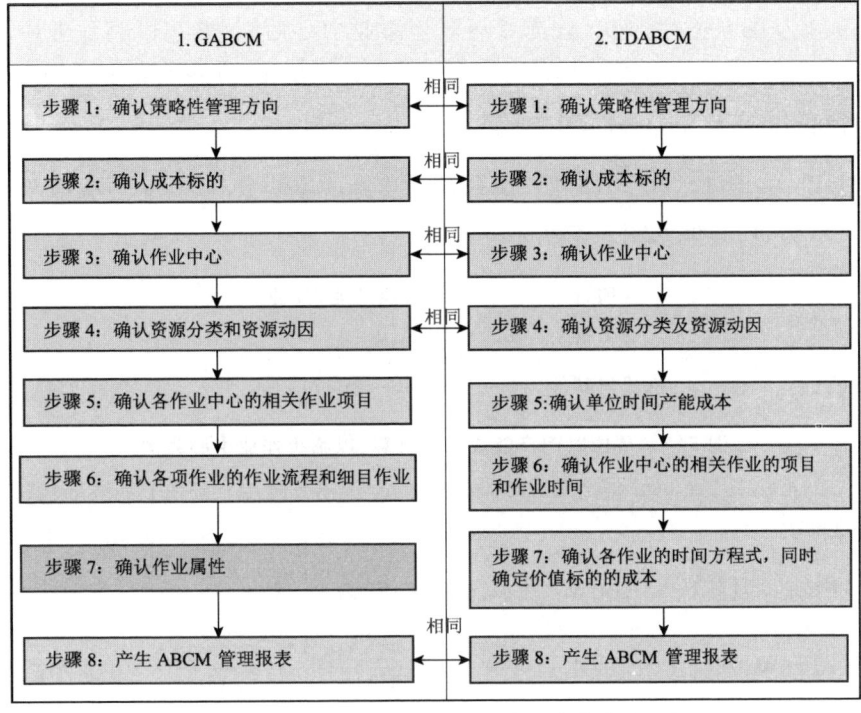

图 5-5　GABCM 与 TDABCM 的实施步骤流程图

（出处：吴安妮，2007 年，作业制成本制度之发展与整合方向，会计研究月刊，第 263 期，第 63 页。）

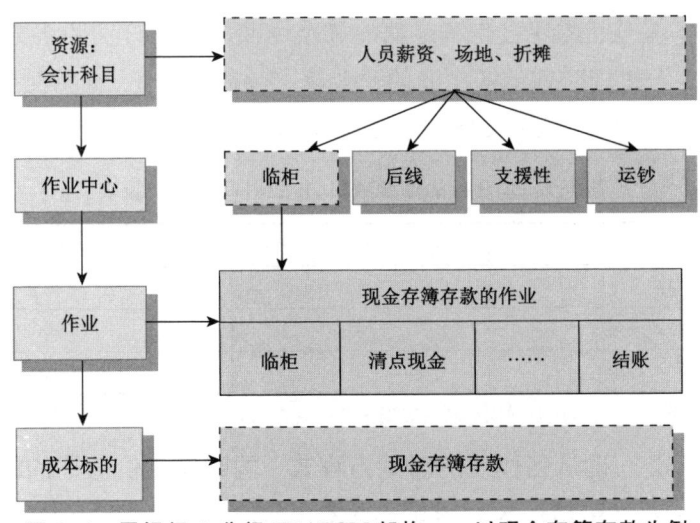

图 5-6　甲银行 A 分行 TDABCM 架构——以现金存簿存款为例

（出处：吴安妮，2007 年，作业制成本制度之发展与整合方向，会计研究月刊，第 263 期，第 66 页。）

（一）步骤5：确认单位时间产能成本

读者从图5-6中可知,当资源归属至作业中心后,企业可以将作业中心的总资源成本(包括所有人员、机器等资源项目的总和)除以此作业中心的实质产能(时间),即可算出单位时间产能成本(piece rate)。

假设:临柜部门在2016年1月份的总资源成本为＄560 000,项目实质产能为7 000分钟,其他如图5-7所示。

项目　　　　　实质产能(分钟)

人员　————————→　A

机器与其他　————————→　B

图5-7　单位时间产能成本的计算:以临柜作业中心为例

(出处:吴安妮,2007年,作业制成本制度之发展与整合方向,会计研究月刊,第263期,第66页。)

计算目的:解决GABCM"成本计算"的问题。

$$Piece\ rate(单位时间产能成本) = \frac{资源成本\ TDABCM}{GABCM} = \frac{560\ 000}{7\ 000} = 80(美元/分钟)$$

（二）步骤6：确认作业中心的相关作业的项目和作业时间

在TDABCM下需针对各作业的时间加以测量与搜集。读者从表5-1中可知,甲银行A分行的现金存簿存款的三个作业的时间分别为1分钟、2分钟和3分钟,表5-1同时列示各作业的作业量。为简化起见,有关现金存簿存款的其他两项批次作业:认证传票和结账,在此不纳入分析。

表5-1　A分行的作业项目、作业时间和作业量表

作业流程的项目	作业单位时间(分钟)	作业量(次数)
1. 临柜	1	1 725
2. 清点现金	2	76 500
3. 刷折现金	3	4 050

(出处:吴安妮,2007年,作业制成本制度之发展与整合方向,会计研究月刊,第263期,第65页。)

（三）步骤7：确认各作业的时间方程式,同时确定价值标的的成本

假设顾客前往甲银行A分行进行现金存簿存款时,因清点现金的时间会因顾客存款的现金类型而异,因此清点现金作业的复杂程度的时间方程式为:

清点现金处理时间＝2＋0.5（若为钞票）＋1（若为硬币）

假设其他两项作业无复杂和变动度的问题，则每次现金（铜板）存簿存款的总作业时间为：

1分钟＋2分钟＋3分钟＋1分钟／次×1次 ＝ 7分钟

读者由上述的方程式可知：

每次现金（铜板）存簿存款的处理成本 ＝ 7×80 ＝ 560（美元）

第三节　作业基础成本管理未来发展方向
——GABCM 与 TDABCM 的整合

TDABCM 对于协助企业以更低的成本且更快速的方式，获得精确的作业及成本标的的成本和利润信息，确有其功效。不过从管理角度而言，企业不应该完全抛弃 GABCM 的重要精髓，如资源动因、作业动因和各作业的相关信息，如此才不会因过度简化而丧失了管理的功能。其实 GABCM 和 TDABCM 在设计面及管理运用面皆有其缺点，笔者汇总两者的缺点，如表 5-2 所示。

表 5-2　GABCM 及 TDABCM 的缺点汇总表

项目		GABCM 的缺点	TDABCM 的缺点
设计面	1. 作业的选择与数量	• 作业的选择，易受不同决策影响而有所差异。 • 当所需要的成本信息越需精确时，作业的分类就要越精细，造成作业数量会越多。	• 有时作业量在 GABCM 之下即为"作业动因"，TDABCM 只是加入每个作业量的"时间"而已。
	2. 作业动因及作业属性	• 成本动因量有时需要员工主观去估计，因而易失去精确度。 • 需界定作业的属性，以利后续质量管理、产能管理、附加价值和顾客服务管理的功能。	• 有时仍需耗费时间、人力进行实际作业量和实际作业时间的搜集与统计。 • 未考虑质量和附加价值作业属性的分类，只解决"产能管理"的问题。
	3. 模型架构与成本	• 模型难以复制且不易更新和不易弹性调整。 • 有时会因作业动因数量太多，造成维系与更新 ABCM 模式的时间与成本太大。	• 设置成本较低，但其先决条件为可由现有的信息系统中（如 ERP）捞取数据，从而达到快速和低成本的设置。

（续表）

项目		GABCM 的缺点	TDABCM 的缺点
管理运用面	4. 产能管理	• 若未从事作业产能属性的分析，亦即未将产能区分为有生产力、无生产力和闲置产能时，则易忽略闲置产能和无生产力产能对总成本的影响。	• 可区分具生产力和闲置产能的时间、成本，因而在产能管理上并无缺点。唯在质量管理、附加价值和顾客服务管理上略有不足之处。

笔者从上述分析中可得出下列结论：

（1）GABCM 虽然在管理面上作用较大，但由于成本计算太过复杂，容易使组织认为要付出太多代价而裹足不前。

（2）TDABCM 着重于成本计算和后续成本管理维护的简便性，但未针对成本发生原因(成本动因)进行更深入的探讨和分析，因而对管理的作用有限。

综上所述，笔者认为未来应该发展一个兼具两者优点且避开两者缺点的 ABCM 设计重要原则，具体如下。

一、作业属性的明确化

在讨论 TDABCM 的文献当中，往往会把"TDABCM 可协助企业找出闲置产能并进行更有效的产能管理"视为导入 TDABCM 的重要决策因素。实际上，在 GABCM 的架构中，若能将作业进一步地按照品质、产能、附加价值和顾

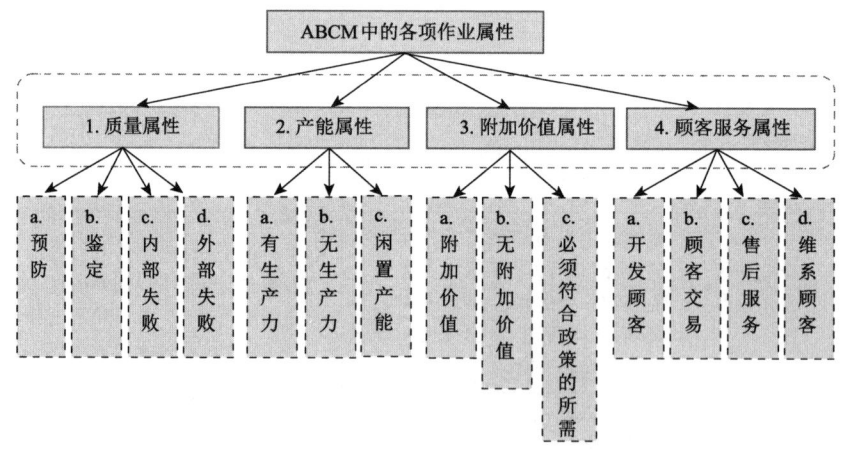

图 5-8　ABCM 中的各项作业属性图

（出处：吴安妮，2007 年，作业制成本制度之发展与整合方向，会计研究月刊，第 263 期，第 60-76 页。）

客服务属性的准则,区分出作业的各种属性,就能协助管理者从事质量管理、产能管理、附加价值和顾客服务管理,其内容如图 5-8 所示。

二、作业动因的选取

如上所示,即使是拟实施 TDABCM 的企业,在架构建立时除了应确立作业的各项属性和特性外,也须多加注意作业动因的选择,并非所有的作业都能以"时间"对成本发生的原因作出最好解释。如前所述,虽然 Kaplan 和 Anderson(2007)强调不仅时间,TDABCM 也可解决"空间产能"的课题,但 TDABCM 的时间方程式如何运用到空间或其他产能之中,值得读者深思。

在实务中,企业在成本管理制度的选择上,所面对的选项只有"GABCM"或"TDABCM";GABCM 或 TDABCM 的选项只是作业动因的选取和成本标的的成本计算的不同而已(TDABCM 是将所有的作业皆转换成以"时间"为观点的动因,而不会依不同的作业特质找出不同的"作业动因"。例如,"检验"在 GABCM 下其成本动因为检验次数,在 TDABCM 下则为检验时间)。笔者曾经手过大大小小不同的 ABCM 个案,从中得出结论:最好的做法是撷取 GABCM 和 TDABCM 的优点,加以结合,进而设计出对管理真正有用的制度,才是设计的根本之道。笔者提出有关 GABCM 与 TDABCM 整合的内容,如图5-9所示。

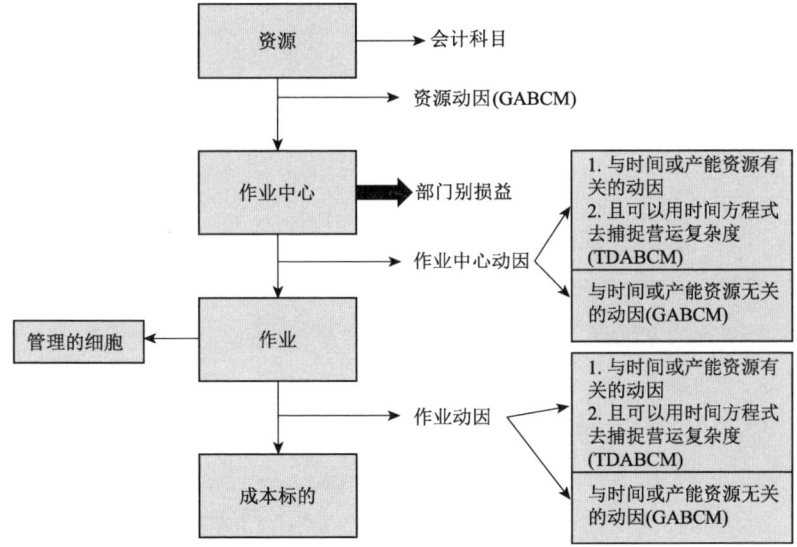

图 5-9 GABCM 与 TDABCM 的整合图

(出处:吴安妮,2007 年,作业制成本制度之发展与整合方向,会计研究月刊,第 263 期,第 69 页。)

读者从图 5-9 中可清楚地了解,在计算成本标的的成本时,若作业中心动因或作业动因可以以"时间方程式"来捕捉营运复杂度,则以 TDABCM 来解决;否则,仍以 GABCM 解决为宜。

三、信息系统的整合

TDABCM 与信息系统(如 ERP)结合,对于改善 GABCM 的缺点和发挥 TDABCM 的优点有很大贡献。例如,当 ERP 中已经有作业的时间信息,即可加速和简化 TDABCM 的实施。在实务运用中,真正的关键点在于是否可以直接从 ERP 或其他信息系统中撷取相关的作业和作业动因的数据。笔者多年经验显示:目前企业实施 GABCM 时,若能把 ERP、SOP、MES、BPR、Time Sheet 和量测系统等相关信息系统加以整合,可以增强 GABCM 导入的效益。总之,为使 ABCM 快速上线,如何有效且长期地整合组织内的相关资讯系统,从而使 ABCM 的构建扎下稳固的基础,是实施 ABCM 的成功关键之一。[①]

[①] 备注:本章的大部分内容,摘录自吴安妮,2007 年,作业制成本制度之发展与整合方向,会计研究月刊,第 263 期,第 60-76 页。

第六章

作业基础成本管理在
管理决策上的运用与效益

ABCM 可以产生哪些信息呢？对企业又有何效益呢？ABCM 的主要目的在于提供正确、实时且相关的管理决策信息,作为企业不同管理阶层决策的重要参考依据。ABCM 至少可应用在十项管理决策上,对企业而言,其对管理效益的影响非常大且重要。

第一节　作业基础成本管理的管理精髓

Kaplan 和 Cooper(1998)认为 ABCM 的功能包括两个层面:①营运上的做"好"事情;②战略上的做"对"事情。此内容如图 6-1 所示。

从图 6-1 中可清楚地了解 ABCM 不仅对企业的"战略"有帮助,而且可促进日常"营运"方面的绩效,因此近年来已有诸多美国企业非常灵活地采用 ABCM,且其成效甚佳。

笔者认为唯有管理者深植 ABCM 的观念,才易影响企业各层级人员的管理,全力推动 ABCM 的执行。而管理决策包括:"战略""政策"和"营运"三方面,其涵盖的范畴和内容甚为广泛,非三言两语即可说明清楚,兹以图 6-2 说明 ABCM 的信息情况,仅供参考。

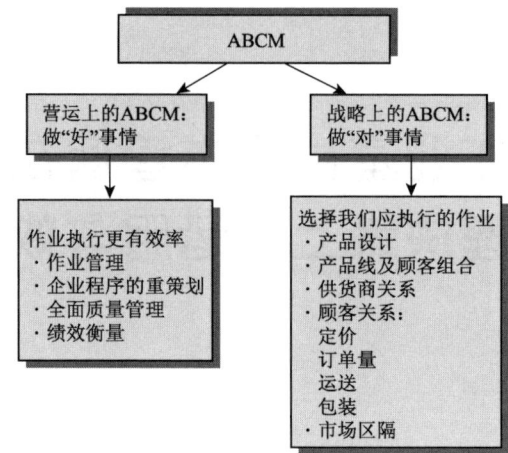

图 6-1 利用 ABCM 来做营运改进及战略性决策图

（出处：修改自 Robert Kaplan and Robin Cooper 著，徐晓慧译，2002 年，成本与效应，脸谱出版社，第 49 页。）

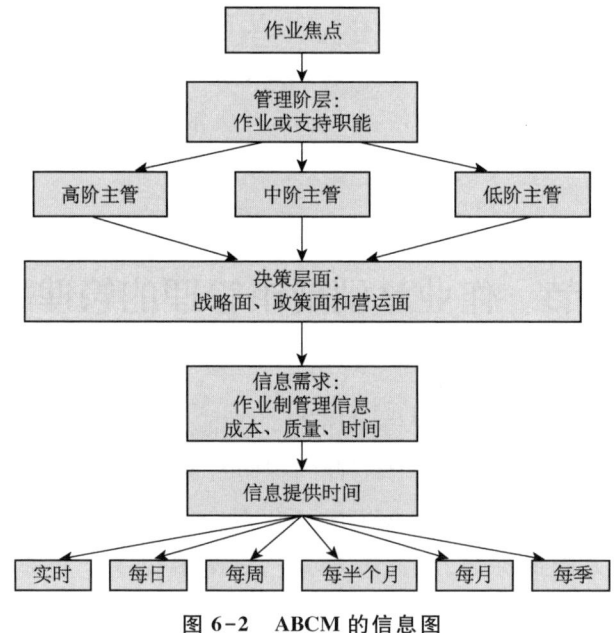

图 6-2 ABCM 的信息图

（出处：吴安妮，1999 年，实施作业制成本管理制度之省思，会计研究月刊，第 162 期，第 49 页。）

从图 6-2 中可以清楚地看出，ABCM 的信息必须考虑管理阶层、决策层面、信息需求和信息提供时间四个方面，这些方面皆值得一一审慎规划。

读者要如何促进 ABCM 的成效呢？Swenson(1997)曾提供发挥 ABCM 价值的循环内容,非常值得参考,如图 6-3 所示。

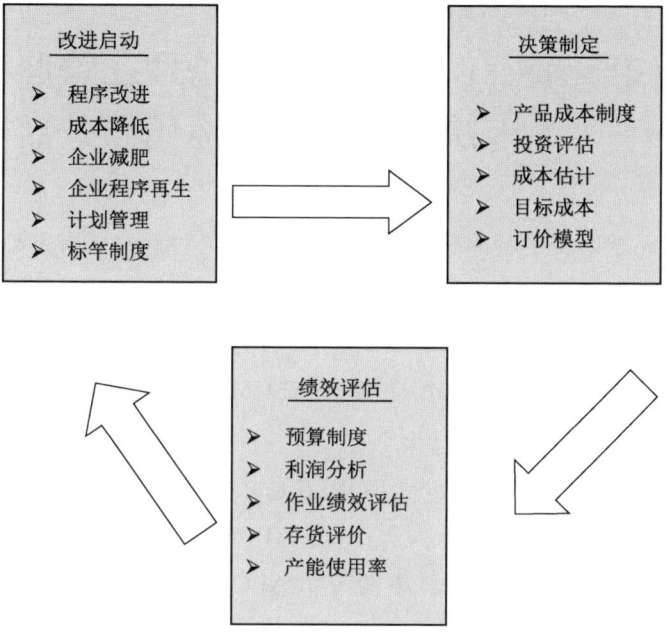

图 6-3 ABCM 的价值循环图

（出处:Swenson D. ,1997 年,Best Practices in Activity-Based Management,P13. ）

从图 6-3 中可以非常清楚地了解,首先,ABCM 起源于程序的改进、程序的再生或标杆制度;其次,从事决策的制定,如成本决策、定价决策或投资决策等;最后,以绩效评估,如利润分析、作业绩效评估或产能使用率的评估等作为终止。通过此三阶段周而复始的实践,才能创造 ABCM 的功效和价值。

ABCM 的执行方式是依据 ABCM 所产生的信息,再从精确且质量好的 ABCM 信息中发现问题,进而寻求和执行可以改善的方法,再评估改善后的效益,如图 6-4 所示。

通过 ABCM 信息持续的产出,回馈管理阶层改善方案产生的结果,据以修正未来管理及改善的方向。而在持续性的改善过程中,也可协助企业管理阶层逐步地了解管理上应重视的

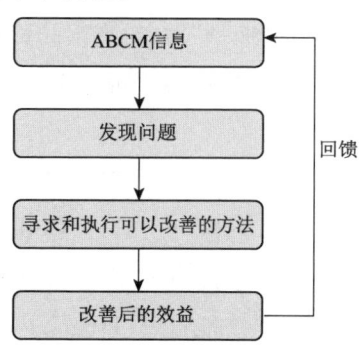

图 6-4 ABCM 的管理执行图

信息需求，以修正 ABCM 产出的管理信息，使 ABCM 产出信息能更符合管理阶层的需求。

第二节　作业基础成本管理在管理决策上的具体运用与效益

ABCM 经过诸多学者的研究和观念传授，相信对此领域有兴趣的实务界人士大多已明了其主要的精神和实施方法，也有不少人士对于 ABCM 所能提供的效益和其对管理决策的影响感到浓厚的兴趣，因此，笔者在此简要说明 ABCM 究竟对何种管理决策有所帮助？ ABCM 又能提供何种管理信息，以协助决策呢？

如前所述，Kaplan 和 Cooper（1998）在《成本与效益》一书中，指出 ABCM 在管理上的应用范围可分为两大类：一为 ABCM 可促进营运面的作业基础成本管理（ABCM），此方面属"做好事情"，即 ABCM 可应用在产能管理和价值管理方面，且可与全面质量管理和企业流程改造相结合，从而促进企业持续性改善（Turney 和 Stratton，1992）的成效。二为战略性的 ABCM，此为"做对事情"，即 ABCM 可应用在产品组合、定价决策、顾客管理、供货商关系和产品发展管理等方面。Block 和 Carr（1999）认为 ABCM 可以完整地结合每个产品所需要的直接作业和支持性作业，因此可以协助预算的编列，并从事预算方面的管控。Huang（1999）则主张可把 ABCM 的作业信息作为限制理论（Theory of Constraints）的模型的限制式和投入变量，从而了解生产的"瓶颈"所在，以及解除某项"瓶颈"后，对产出的影响是什么。

笔者根据相关研究文献，汇总认为 ABCM 至少可应用在如下十个管理决策方向：

（1）产品/服务管理（Kaplan 和 Cooper，1998）。

（2）转拨计价管理（Colbert 和 Spicer，1998）。

（3）产品研发管理（Kocakulah 等，2000）。

（4）产能管理（Huang，1999）。

（5）质量管理（Carolfi，1996；Letza 和 Gadd，1994）。

（6）流程管理（Coburn 等，1998）和价值管理（Booth 和 Balachandran，1999）。

（7）绩效管理/奖酬管理（Cokins，1999）。

（8）预算管理（Block 和 Carr，1999）。

（9）顾客管理（Smith 和 Dikolli，1995；Sharman，1993）。

（10）供应面管理（Maguire 和 Peacock，1998）。

以上有关内容，如图 6-5 所示。

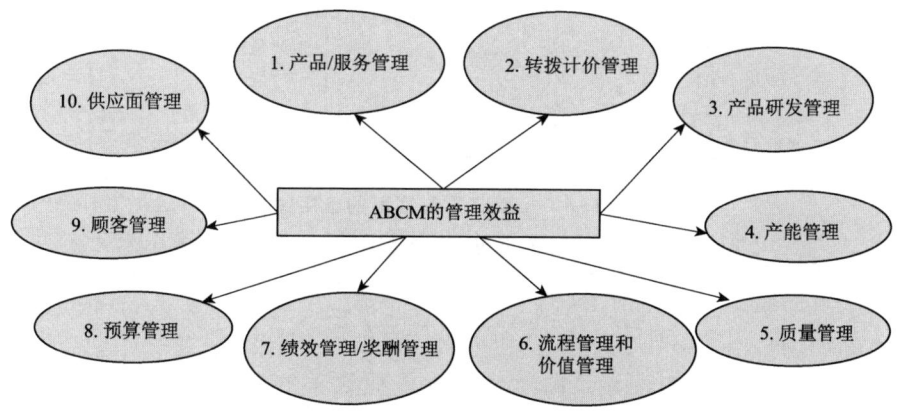

图 6-5　ABCM 在管理上所能提供的效益图

[出处：吴安妮，2001 年，作业制成本制度（ABC）在管理决策上之效益，会计研究月刊，第182 期，第 60 页。]

ABCM 之所以能够提供上述管理方面的效益，主要是由于 ABCM 可以产生三大主要方面的信息：成本标的方面、成本动因方面和作业信息方面的信息，如图6-6 所示。

（1）在成本标的方面：一般企业重视的基本成本标的是"产品"和"顾客"。由于 ABCM 能提供正确和合理的成本分摊方式，因此可以提供正确的不同产品、顾客和渠道等方面的成本和利润信息给管理者，让管理者能清楚地知道何项产品、何种顾客或何种渠道的获利性较高，从而作为重要决策的参考依据，这属于"战略面"的管理。

（2）在成本动因方面：ABCM 可以帮助管理者了解各项成本发生的根本原因为何，从而有利于了解成本管理和控制的重点方向为何，如房屋租金成本发生的原因是"场地的使用面积"，因此"场地的使用面积"即为应该管理的重点，亦即，要管理此房屋租金成本，得先管好"使用的面积"此成本动因为宜，这属于

"营运面"的管理。

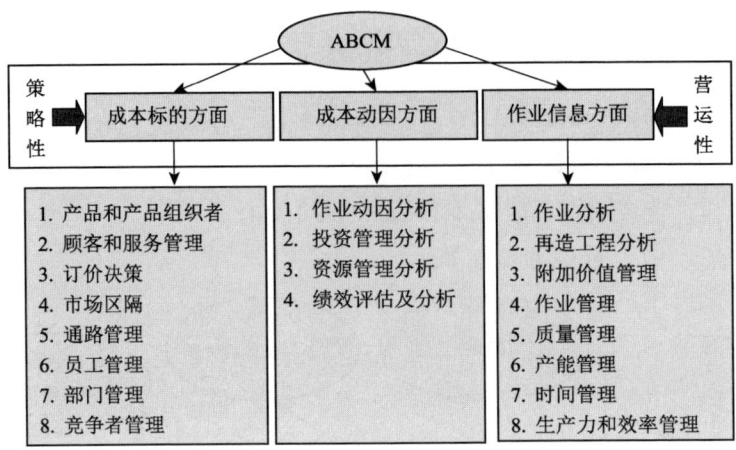

图 6-6　ABCM 在管理面的运用图

（出处：吴安妮，2007 年，作业制成本制度之发展与整合方向，会计研究
月刊，第 263 期，第 67 页。）

（3）在作业信息方面，ABCM 可提供作业的时间、成本、利润、品质、价值和
弹性等信息，从而让管理者了解从事何项作业改善的效益最大，这属于"营运
面"的管理。

ABCM 提供的成本标的、成本动因和作业信息方面的信息内容包括时间、
品质、弹性、成本、利润和价值等方面的信息，有关内容如图 6-7 所示。

综上所述，ABCM 产生的三大方面信息在帮助管理决策的涵盖面上既深且
广，以下加以详细说明。

一、产品/服务管理

对制造业而言，产品成本高低和订单利润多少是非常重要的决策考虑因
素；而对服务业而言，提供服务产品或服务，也必须知道作业成本和获利性。此
外，从事产品/服务面的内部管理，企业必须了解作业情况和成本发生的原因，
而 ABCM 提供的信息可以协助这些方面的管理。例如，成本信息可以协助自
制/外购决策。通过 ABCM 计算出的成本标的的合理且较为正确的成本信息，
可以作为自制或外购零件的比较基础。而且 ABCM 提供的作业和成本动因信
息，可以帮助企业清楚地了解不同生命周期的产品或服务所需要的作业成本结
构，以协助产品或服务在不同生命周期的资源分配和战略的设定。

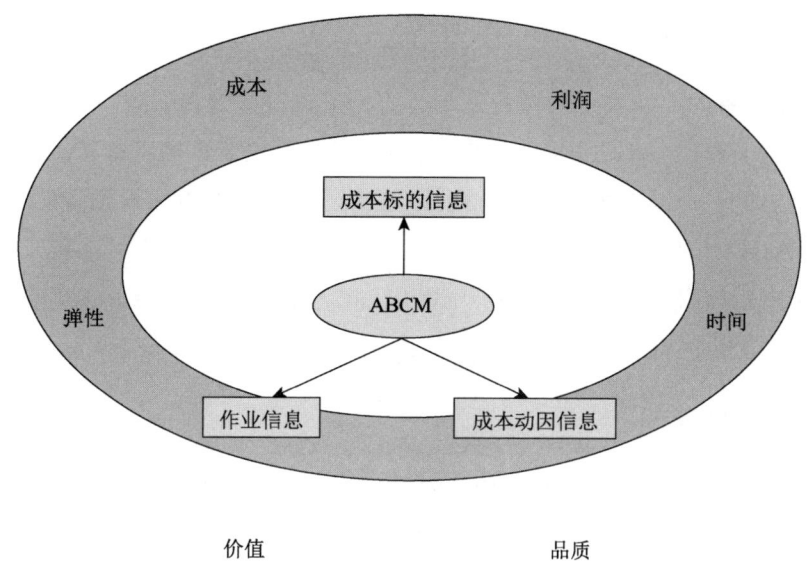

图 6-7　ABCM 产生的信息构面及信息内容图

〔出处：吴安妮，2001 年，作业制成本制度（ABC）在管理决策上之效益，会计研究月刊，第 182 期，第 60 页。〕

二、转拨计价管理

当企业的组织扩大，各单位间可能必须面对内部的产品转拨的定价问题。ABCM 提供成本标的的成本资讯，可作为各单位制定内部转拨计价的依据。此外，当发现竞争者生产的产品成本低于本企业的产品成本时，管理者可以从转拨产品的作业和成本动因信息中，了解企业内部是否还有改善空间，以此作为作业成本控制的依据。

三、产品研发管理

在产品的整个价值链中，研发设计时间决定了 80％的成本，因此确实掌握设计方向，对后续整体成本的影响举足轻重。ABCM 提供成本、作业和成本动因的信息，不仅可以帮助企业模拟各种情况，以选择不同的产品功能、质量要求和包装等组合，使新产品达到目标成本，同时可以通过管理成本动因和作业，降低后续产品制造、运输和服务的成本。

四、产能管理

机器设备的产能利用与购置是制造业相当重视的致胜关键,服务业则着重人员产能的管理。ABCM 提供的作业信息,可帮助企业掌握设备和人员产能的利用率的情况,以及产能成本的结构,以落实各项产能的责任管理,确实找出应负责的部门或单位。此外,从各项作业的产能利用信息,企业可以得知是否还有改善产能使用的空间?是否必须添购产能?同时,各项产能成本信息皆有助于提高制造和生产人员的成本意识,达到充分利用资源的目的。

五、质量管理

重视质量,是各行各业存活的关键,但质量涉及内容相当广泛,企业要如何决定并且从何着手呢?ABCM 可以通过作业和成本动因,协助企业衡量各项质量活动或作业的成本与效益,从而决定其优先权。而且,企业还可从质量作业间的关联性和成本动因信息入手,协助质量改善的管理。

六、流程管理和价值管理

以创造顾客价值为前提,企业的流程和作业必须尽量合理化。ABCM 能够提供仿真流程改造后对成本的影响程度,并进行价值和无价值作业的分析,进而辨识出不具价值的作业项目,以促进有价值作业"改善"和无价值作业"删除"的管理工作。

七、绩效管理/奖酬管理

企业的绩效和奖酬制度必须与战略相结合,才能达到回馈学习、激励员工的作用。ABCM 提供各种不同构面的绩效衡量信息,如产品别、项目别、区域别、事业单位别与业务人员别等,以及投入面、作业面和产出面等的成本、品质、时间和价值等资讯,因此可作为绩效管理和奖酬制度的基础,进而掌握企业的各种行动方案达成战略的方向。

八、预算管理

预算管理是组织控制的一环。通过 ABCM,企业可以评估各作业、各部门或各项目活动的成本与效益，以作为以后的预算分配参考。此外，ABCM 的作业和成本动因信息也可作为预算编列的基础，这就是作业基础预算管理（Activity-based Budget Management，简称 ABBM）的形成。

九、顾客管理

顾客管理的重点是掌握不同顾客群的获利情况和所需的服务特质，从而决定如何筛选顾客、如何定价和如何与顾客往来。ABCM 提供顾客别的成本和利润信息，作为对顾客报价的基础；而顾客别的服务作业信息，则可作为企业进行顾客筛选、顾客往来和顾客流通渠道的各项选择参考，从而实现良好的顾客关系管理。

十、供应面管理

在进行供货商选择和供应品目的购置时，了解供货商的能力和供应品目的总取得成本或拥有成本（the total cost of ownership）是非常重要的。ABCM 可以帮助企业评估供货商能力的影响情况。例如，供货商前置时间的长短对企业在循环时间（cycle time）和成本面的影响，以及不同供货商所提供的产品的总拥有成本，皆可协助企业选择正确的供货商。

从上述说明，可以看出 ABCM 具有多方面的管理决策功效，其详细内容如表 6-1 所示。笔者盼能借此帮助读者理解 ABCM 对管理的决策效益是多方面且多构面的，同时其也是许多管理制度的基础工程。若未建立此基础工程，其难发挥管理的整合性效益。

表 6-1　ABCM 提供的管理层面、信息、决策及效益表

管理层面	ABCM 提供的信息构面	相关管理决策	ABCM 对相关决策的功效
1. 产品/服务管理	成本和利润信息	自制/外购决策	ABCM 可算出产品/零件的成本，提供自制或外购的比较基础。
		产品/服务的生产/销售组合决策	由 ABCM 计算出产品获利性，协助决定产品/服务的生产/销售组合比重。
	作业和成本动因信息	产品生命周期的相关决策	ABCM 可取得产品所需的作业资源和成本结构，协助不同产品生命周期的资源分配和产品战略。
		成本管控和分摊决策	ABCM 帮助管理者掌握成本发生的原因，并且合理归属，避免交叉补贴，从而使管理的关注点更为正确。

（续表）

管理层面	ABCM 提供的信息构面	相关管理决策	ABCM 对相关决策的功效
2. 转拨计价管理	成本和利润信息	企业内部定价决策	ABCM 可以计算出较为合理的半成品和零件成本,作为部门间或事业单位间的转拨计价基础,可解决不同单位的争执问题。
	作业和成本动因信息	转拨产品的成本抑减决策	管理者可以将外购产品的成本信息作为标杆,根据 ABCM 的作业和成本动因信息,思考企业内部是否有改善的空间？是否有能力生产较具价格竞争力的零件。
3. 产品研发管理	成本和利润信息	目标成本管理的相关决策	ABCM 提供关于产品功能性、质量要求和包装类成本资讯等,可进行成本仿真,以达成利润目标。
	作业和成本动因信息	产品成本持续改善决策	通过成本动因和作业信息,协助降低研发设计后的产品制造、运输和服务等成本。
4. 产能管理	成本和利润信息	产能的责任归属决策	ABCM 提供各项产能状态的成本信息,以利于归属责任到相关部门或单位。
	作业和成本动因信息	产能利用和产能购置决策	ABCM 协助掌握产能过剩或产能不足的原因,以利于思考是否应进一步利用产能或应再添置产能。
5. 质量管理	成本和利润信息	质量改善活动的优先级决策	ABCM 协助衡量改善活动的成本和效益,从而决定其优先级。
	作业和成本动因信息	持续性改善决策	ABCM 提供作业和成本动因信息,协助管理质量改善的关键点。
6. 流程管理和价值管理	成本和利润信息	流程改造决策	ABCM 可进行流程改造的预算仿真分析,从而有利于企业选择。
	作业和成本动因信息	价值分析与管理决策	ABCM 使企业能掌握对顾客或企业有价值的作业因素,进行分析与管理。
7. 绩效管理/奖酬管理	成本和利润信息	奖酬发放决策	ABCM 提供产品别、项目别、区域别、事业单位别或业务人员的利润信息,可作为奖酬发配的基础。
	作业和成本动因信息	绩效评估和管理决策	ABCM 提供投入、作业和产出面绩效的结果信息,从而为各单位从事绩效评估建立基础。
8. 预算管理	成本和利润信息	项目预算分配决策	ABCM 可衡量各项目预算支出所创造的利润效果,以作为下一期的预算分配参考。
	作业和成本动因信息	合理编列各单位预算的决策	通过作业和成本动因信息,使销售需求、生产需求、作业需求和资源需求等预测间具有合理可信的因果关系,从而编列有据可循的预算。
9. 顾客管理	成本和利润信息	顾客区隔的定价管理决策	ABCM 计算出顾客别的真实利润,从而有利于企业进行提供顾客的产品或服务的报价。
	作业和成本动因信息	顾客区隔的战略性决策	ABCM 辨识不同顾客群所需的产品/服务特质,从而提供顾客不同的产品/服务组合。

（续表）

管理层面	ABCM 提供的信息构面	相关管理决策	ABCM 对相关决策的效益
10. 供应面管理	成本和利润信息	供货商成本选择决策	ABCM 可取得各项供应产品的总取得成本信息，从而作为选择供货商和供应品目的基础。
	作业和成本动因信息	供货商能力选择决策	ABCM 可估计供货商的能力，如前置时间长短、对企业的营运成本的影响，从而有利于供货商的选择。

〔出处：吴安妮，2001 年，作业制成本制度（ABC）在管理决策上之效益，会计研究月刊，第 182 期，第 63 页。〕①

———————

① 　备注：本章的大部分内容，摘录自吴安妮，2001 年，作业制成本制度（ABC）在管理决策上之效益，会计研究月刊，第 182 期，第 59-63 页。

第七章

作业基础成本管理与
其他管理制度的结合

企业在实施各种管理制度时,最感困扰的是要如何将不同的管理制度结合为一体。此外,当部门拥有各种不同信息时,又该如何整合这些信息呢? 要解决这两个问题,就要求每一制度的基本元素(或称细胞)都得相同,才易达到整合的目的。笔者认为要将 ABCM 与其他管理制度相结合,得仰赖"作业"这个基本元素(细胞)。

ABCM 与其他管理制度的整合方式,包括下列两种:①作业细胞的结合制度融合为一体(通过相同的管理细胞——作业加以融合);②强化其他管理制度之运用,如图 7-1 所示。

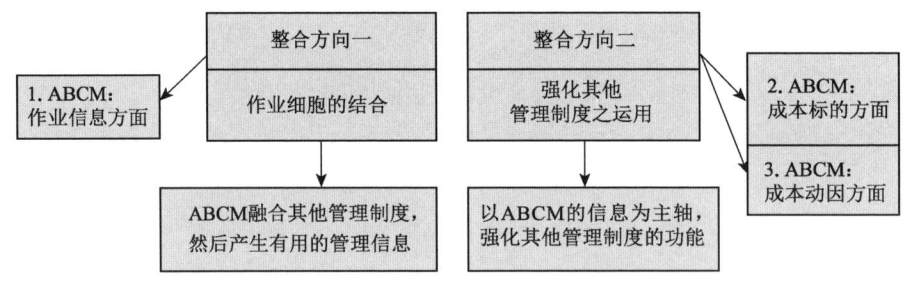

图 7-1 ABCM 与其他管理制度的整合图

(出处:吴安妮,2007 年,作业制成本制度之发展与整合方向,会计研究月刊,第 263 期,第 70 页。)

读者从图 7-1 中可看出,整合方向一主要为 ABCM 通过"作业"细胞与其他管理制度融合,从而产生有用的管理信息。而整合方向二为以 ABCM 产生的成本标的或成本动因信息,强化其他管理制度的功能。以下将探讨此两方面的整合内容。

第一节　整合方向一：作业细胞的结合

ABCM 以"作业"为细胞,所以可与企业内部也以"作业"为细胞的管理制度相结合。比如,ABCM 与附加价值制度、质量成本制度和产能管理相结合。兹分别说明如下。

一、ABCM 与附加价值管理的结合

附加价值管理主要以创造"顾客价值"为前提,从顾客的观点,了解附加价值及无附加价值的作业为何? 如何简化无附加价值的作业,以减少时间与资源的浪费? 一般而言,无附加价值的作业大部分是等待、检查和移动等作业所造成的。就管理面而言,不仅无附加价值的作业和时间的确认非常重要,而且附加价值的作业和时间,皆应力求标准化和效率化,从而持续创造顾客的价值,进而促进组织长期的竞争优势。图 7-2 为 ABCM 与附加价值制度结合的内容。

从图 7-2 中可看出通过相同的"作业"细胞,即可结合作业的附加价值属性与成本,进而产生三种不同附加价值作业的成本信息,以供流程改造和顾客价值管理使用。

二、ABCM 与质量成本管理的结合

质量成本可分为四类:预防、鉴定、内部失败和外部失败成本。读者可通过"作业"这一细胞结合 ABCM 和质量成本管理,进而产生不同质量作业的成本信息,从而供管理之用,有关 ABCM 与质量成本管理结合的内容如图 7-3 所示。读者从图 7-3 中可清楚地了解唯有通过"作业",才能结合 ABCM 与质量成本管理。当企业发现某些作业的内部失败和外部失败的成本占总成本比例很大时,即可进一步地分析原因发生在哪里。例如,因制造能力不足,才会经常

发生某些作业的内部和外部失败成本过高,唯有加强某些制造人员的训练,提升他们的能力,方能解决问题。虽然在此情况下,短期内会增加预防成本,但长期可大幅地降低内部和外部失败的成本,进而使总成本下降。

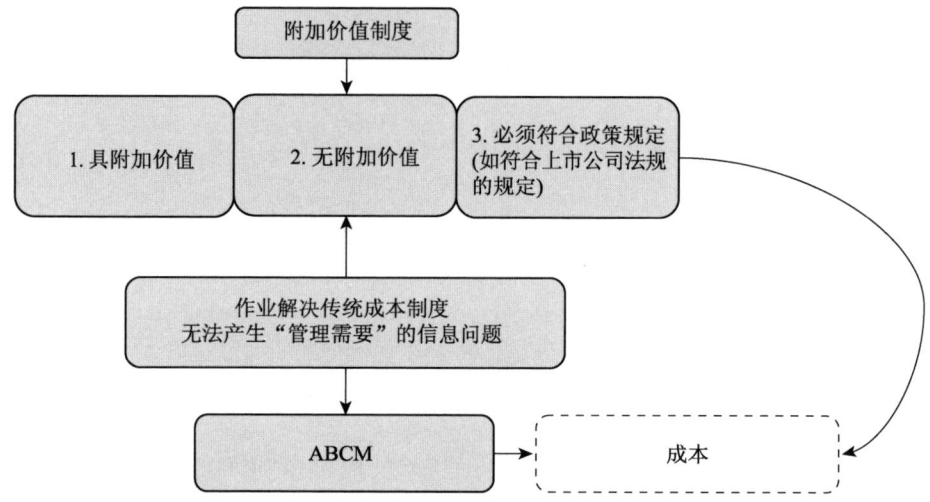

图 7-2　ABCM 与附加价值制度的结合图

（出处:吴安妮,2007 年,作业制成本制度之发展与整合方向,会计研究月刊,第 263 期,第 70 页。）

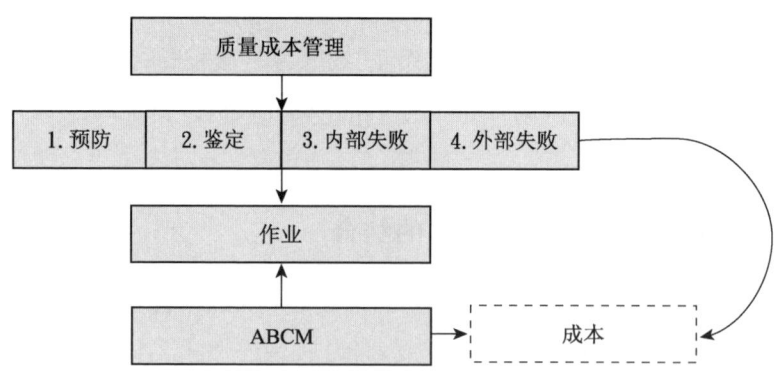

图 7-3　ABCM 与质量成本管理的结合图

（出处:吴安妮,2007 年,作业制成本制度之发展与整合方向,会计研究月刊,第 263 期,第 71 页。）

三、ABCM 与产能管理的结合

有效管理制造业的"机器设备"产能利用率为致胜关键之一;有效管理服务业的"员工"产能利用率也为制胜关键之一。在此薄利时代,良好的产能管理是重要的管理议题。

一般而言,产能可分为三大类:有生产力、无生产力和闲置产能,如图 7-4 所示。通过"作业"这一管理细胞,可以使 ABCM 与产能管理相结合,进而产生有用的管理信息。例如,掌握闲置产能所产生的成本,从而供删除闲置产能参考。

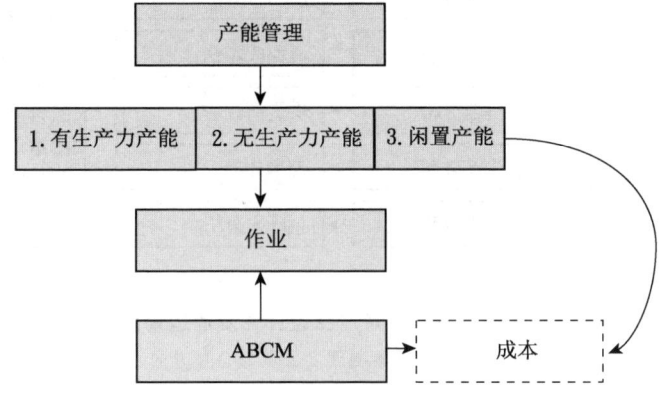

图 7-4　ABCM 与产能管理结合图

(出处:吴安妮,2007 年,作业制成本制度之发展与整合方向,会计研究月刊,第 263 期,第 71 页。)

第二节　整合方向二：强化其他管理制度之运用

ABCM 除了可与作业面管理制度相结合外,还可强化在产品管理、顾客关系管理和平衡计分卡上的运用。兹分别说明如下。

一、ABCM 在产品管理上的强化运用

"80％的产品成本在设计时间就已经决定。"这句话说明了在产品研发设计时,"创意"并非是唯一成功的要素,"成本"的考虑也驱动公司未来能否从新产品中获利的因素之一。

产品设计开发大约可分为六大阶段,如产品概念发展、产品可行性确认、产品设计终了、生产规划发展、启动生产和监控启动生产后的环境。在产品设计开发阶段,企业若具有 ABCM 的观念,即可提早分析产品组合的成本结构、产品特性的成本结构和未来流程的成本估计等,从而作为产品设计开发的参考,如图 7-5 所示。

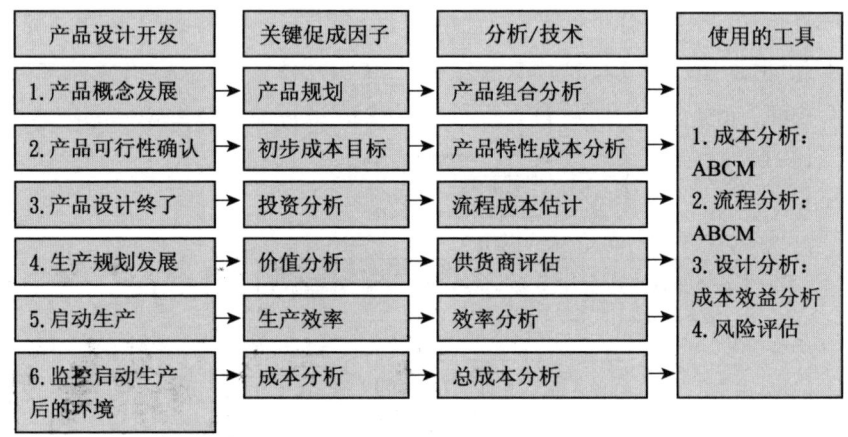

图 7-5 ABCM 对产品设计开发的运用图

(出处:吴安妮,2007 年,作业制成本制度之发展与整合方向,会计研究月刊,第 263 期,第 72 页。)

企业也可以根据 ABCM 产生的产品成本和利润信息,了解哪些产品获利,又有哪些产品亏损,从而作为产品改进的参考。例如,当企业发现某些产品长期持续亏损时,则可从事重新定价、取代现有产品、重新设计产品或改善生产流程等相关管理决策,如图 7-6 所示。

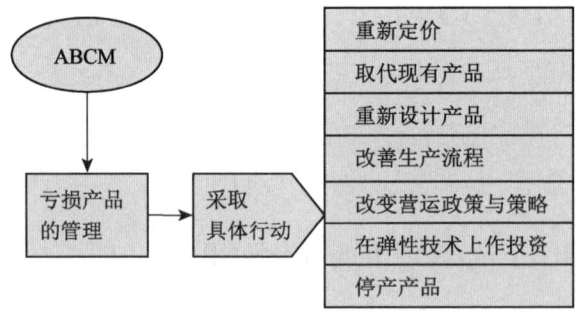

图 7-6 ABCM 对亏损产品管理的运用图

(出处:修改自 Robert Kaplan and Robin Cooper 著,徐晓慧译,2000 年,成本与效应,脸谱出版社,第 275 页。)

二、ABCM 在顾客关系管理上的强化运用

顾客关系管理(Customer Relationship Management,简称 CRM)的核心概念为:以顾客为中心,制定有效的经营战略,从而建立与顾客的长期关系。在实务中,企业对于 CRM 的重点较着重于"顾客购买行为"等"质化面"的管理。其实顾客关系管理的最终目标不仅是要和顾客建立良好的长期关系,更重要的是希望达到顾客终身价值(customer lifetime value)的极大化。

读者可以通过 ABCM 知道顾客别的成本和利润信息,然后可以作为顾客关系管理的参考。图 7-7 显示我们可将顾客区分为四大族群,进而长期追踪顾客的终身价值情况,从而提升顾客的长期价值。

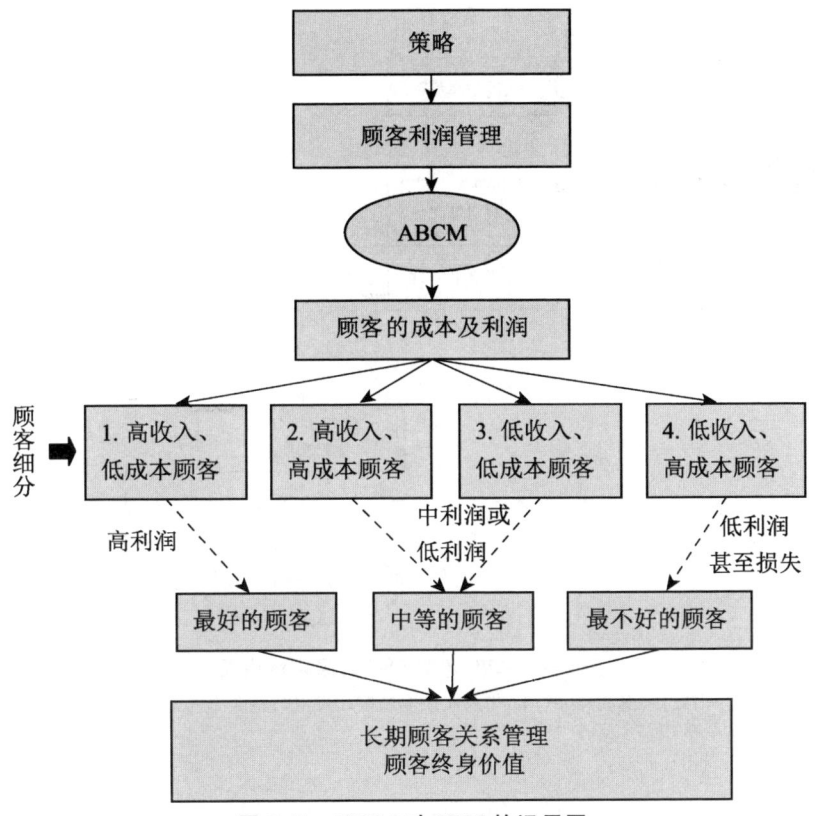

图 7-7　ABCM 对 CRM 的运用图

(出处:吴安妮,2007 年,作业制成本制度之发展与整合方向,会计研究月刊,第263 期,第 73 页。)

三、ABCM 在平衡计分卡上的强化运用

通过平衡计分卡(Balanced Scorecard,简称 BSC)四大构面可促进组织战略的落实,其中的关键因素为战略性议题、战略性目标、策略性衡量指针(KPI)的连接和落实。ABCM 可有效地提供 BSC 所需的衡量指针信息,从而强化 BSC 的功能。例如,在 BSC 的顾客构面中,若企业需要顾客成本和利润信息时,得先引导 ABCM 的实施,然后 ABCM 产生的顾客成本和利润信息,可提供给 BSC,以强化 BSC 的落实度和执行力。此内容如图 7-8 所示。

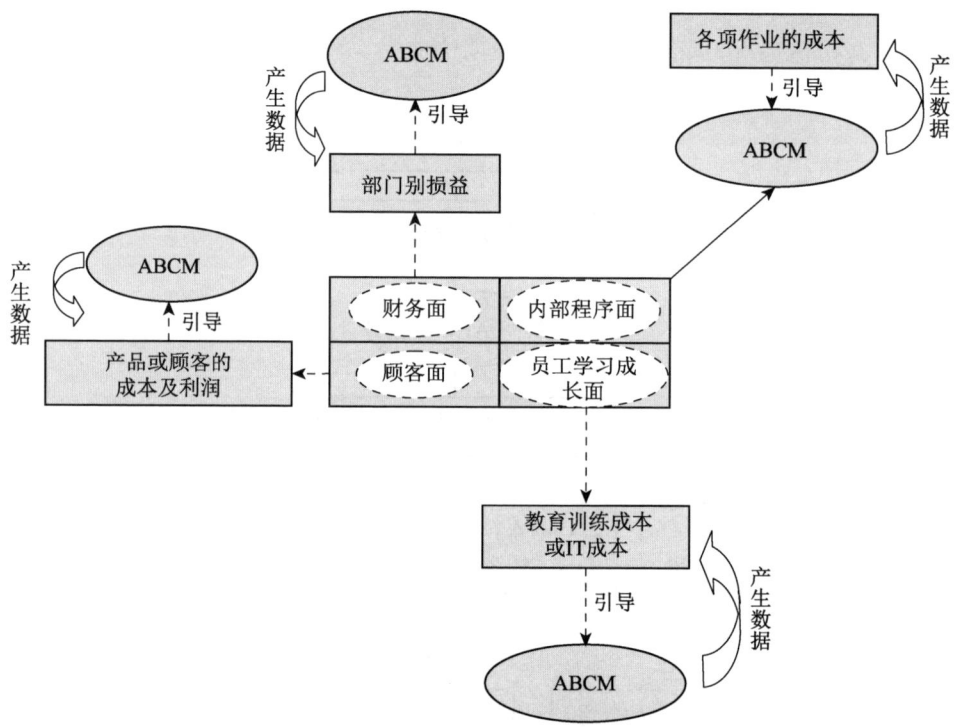

图 7-8　ABCM 对 BSC 的强化运用图

(出处:吴安妮,2007 年,作业制成本制度之发展与整合方向,会计研究月刊,第 263 期,第 73 页。)①

---

① 备注:本章的大部分内容,摘录自吴安妮,2007 年,作业制成本制度之发展与整合方向,会计研究月刊,第 263 期,第 60-76 页。

第二篇

企业应用篇——行的层面

· 内容提要 ·

ABCM 颇受企业界的肯定,原因是其具备了营运面与战略面的作用。在营运面上,ABCM 通过对作业与流程的了解与分析,深入地挖掘出个别作业的成本动因,求出个别作业的成本结构的差异性,相对于传统的成本方法,更能提升"发现问题"与"分析问题"的能力。另外,在战略面上,ABCM 通过所产生的各项信息,可以有效地帮助管理者找出正确的经营方向。

为了让读者进一步了解企业如何导入与运用 ABCM,笔者从多年辅导企业导入 ABCM 的经验中,以制造业、金融机构、医疗业和会计师事务所为个案,在本篇中,具体说明 ABCM 在实务应用中的设计和运用,以期能让读者对 ABCM 的实务应用有更深入的认识。

第八章

制造业实施作业基础成本管理
时的设计和运用
——以 A 印刷股份有限公司为例

A 印刷股份有限公司(以下简称 A 公司)成立于 20 世纪 70 年代,1993 年正式成为股票公开发行公司,在台湾印刷业界属于大型企业,但就整体产业而言,仍属于传统的中小型企业。由于该公司经营者正确的经营理念、高瞻远瞩的眼光和优良的组织文化,该公司勇于接受新知识,曾先后引进多项管理技术,并取得一定的成效,这使得 A 公司成为印刷业的领导企业之一。

台湾的印刷产业在 1990—1995 年虽是属于需求大于供应的时期,但印刷业在此时已步入成熟阶段,各家厂商相互削价竞争的情况也越来越严重,加上印刷业本身的营运成本日益增加,更加重了印刷产业的压力。因此,当时 A 公司的管理阶层发现唯有了解成本和控制成本,进而达到降低成本和有效经营企业,方能使公司安然地渡过日益激烈的挑战。

1992 年年初,A 公司为了达到质量、时间和成本的管理目标,与笔者开始合作导入 ABCM,期望通过作业分析观念,建立作业程序标准,执行作业基础的质量管理制度。为了落实发挥质量管理制度的功能,A 公司更分别于 1995 年通过 ISO 9002 质量标准系统的验证,在 1996 年推行 ISO 14000 环境管理系统。

第一节　Ａ印刷股份有限公司实施作业基础成本管理的背景介绍

在笔者评估 A 公司相关的成本管理制度时,发现 A 公司传统的成本管理会计制度无法提供正确的客户相关信息,无法指出日常作业的成本,也无法对公司产品的定价与未来的改进方向等决策提供相关的资讯。换言之,当时传统的成本制度有扭曲产品成本的现象,且无助于 A 公司面对日益激烈的竞争与挑战。因此,笔者与 A 公司管理阶层思索,唯有 ABCM 可协助 A 公司解决当时棘手的定价问题,以应对激烈的竞争环境。

A 公司产品的定价战略是由副总经理或销售部门的经理来决定的。而影响该公司产品价格的因素如下:

(1)产品成本:产品成本越高,则价格就越高。

(2)所允许的生产时间:交货时间越长,则价格越低。因其可利用空闲时间进行生产。

(3)产能利用率:当较多的闲置产能可利用时,产品价格就较低。

(4)交货日期:若交货日期为月底(即每月 20 日到 31 日)时,价格会较高。因为大部分的期刊都会在月底交货,就普遍而言,这段时间产能利用率相当高。

(5)产品的复杂性:一项工作所需的色纸越多,色版越大,则困难就越大,故其产品价格比一般价格要高。

(6)产品数量:数量越多,则实际销售价格就越低。

(7)用纸:当某一工作的用纸较易于生产时(重量在 80～180 磅或厚度介于 0.11～0.18 mm),价格就较低。

(8)竞争情况:当市场竞争越激烈时,销售价格就越低。

(9)客户产业:不同产业的客户群对产品质量与印刷的要求不同,价格方面也有所差异。

(10)客户的合约地位:A 公司有三种类型的客户,分别为长期、短期和无合约性客户,一般对合约性的客户售价较低,尤其是长期合约者。

（11）市场需求：印刷业有很明显的季节性需求。当需求越大时，价格就越高，而第四季通常是最忙碌的季节。

（12）战略性考虑：对于潜在长期合约或大量订单的客户，会战略性考虑其定价决策。

（13）竞争者的行动：在产品定价上，A公司通常会参考竞争者的价格考虑其可能的反应。

上述13项因素中，影响价格最重要的因素为产品成本。因传统分批成本制度无法协助公司管理阶层定价的决策，故A公司希望通过ABCM协助公司解决营运中的问题。兹将ABCM可协助A公司解决所面临的问题整理如表8-1所示。

表 8-1　ABCM 协助 A 公司解决所面临的问题表

公司所面临的问题	ABCM 解决问题的方法
一、规模扩大，不易管理	通过 ABCM，管理者平时就能掌握公司的营运状况，而非等到传统的财务报表出来时，才知道公司的营运状况。
二、人工成本的负担提高	在总成本中，人工成本占比例大，其中加班费支出负担沉重。而 ABCM 可清楚地分析出每一活动所耗费的资源，减少无附加价值活动，故有助于资源的追踪与成本的节省。
三、厂房、土地和设备等成本高涨	经由作业活动的分析，找出无附加价值的活动。在投资分析中，可以分析该投资的必要性和预测投资结果，以避免作出错误的投资决策或过度投资，造成公司资金周转困难。
四、竞争激烈，价格导向	ABCM 可以精确计算每项产品的成本，避免传统成本会计制度的成本高估或低估情况，让管理当局可以据此作出更明确的定价决策。同时，也可协助公司发现其创造利润的主要客户群，以加强主要客户的关系管理。
五、产品性质的差异性，制造费用的比重增加	因 ABCM 清楚地定义出作业中心和成本动因，故可正确地将成本分摊到各印件上，减少过程中无附加价值的活动，避免因产品性质差异大，导致成本分摊错误。
六、成本控制的企图强烈	A 公司有良好的组织文化，使其较容易接受最新的管理知识，且印件的价格与成本是决定公司利润的两大因素，但印件价格却呈现逐年下降趋势，在这种削价恶性竞争的环境中，唯有控制产品成本，才能达到长期经营的目的。

第二节　A印刷股份有限公司实施作业基础成本管理的情况

在笔者义务性的协助下,A公司于1993年年初导入了ABCM,兹将A公司实施ABCM的历程:导入前(1991—1992年)、导入期(1993—1994年),以及导入后(1995年及以后),分别简述如下:

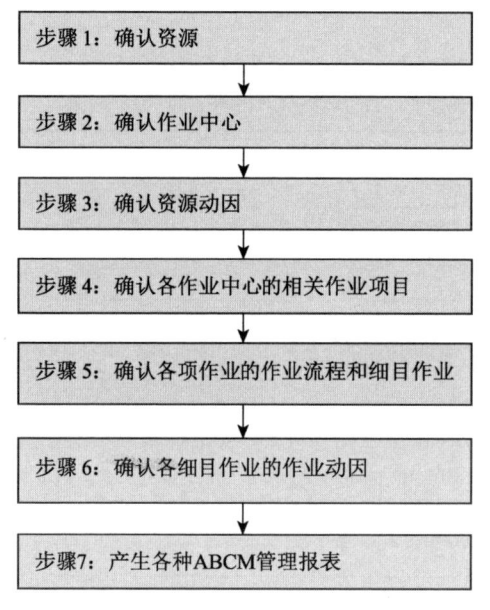

图8-1　A公司实施ABCM的步骤图

(出处:吴安妮,2007年,作业制成本制度之发展与整合方向,会计研究月刊,第263期,第63页。)

(1) 1991—1992年:由会计专业期刊得知ABCM等成本管理会计新技术,并持续搜集与ABCM相关的文章,且积极寻找共同研究此等管理会计新技术的对象。

(2) 1993—1994年:ABCM观念导入并模拟实施蓝图,尝试建立实施架构。制造部门正式实施ABCM。

(3) 1995年及以后:规划其他部门实施ABCM,引进ISO 9000观念,与ABCM结合,并规划企业改造事宜。

A公司实施ABCM的步骤如图8-1所示,兹简单叙述其相关的实施步骤。

一、步骤1:确认资源

A公司印刷部门的资源主要分为两部分:一部分为变动成本,包含电费、物料及直接人工费(加班费)等;另一部分为固定成本,包含直接人工费(正班薪资)、间接人工、厂房折旧、机台折旧、其他设备、修缮费和杂费等。具体如表8-2所示。

表 8-2　A 公司印刷部门的资源表

资源科目	1. 彩色区作业中心	2. 双色区作业中心	3. 单色区作业中心	4. 裁切区作业中心
变动成本				
电费				
物料				
直接人工(加班费)				
固定成本				
直接人工(正常上班时间薪资)				
间接人工				
厂房折旧				
机台折旧				
其他设备				
修缮费				
杂费				
品保分摊				
管制分摊				
印刷分摊				

二、步骤 2:确认作业中心

A 公司印刷部门的机器设备主要可分为五色机 A 座、四色机 A 座、双色机 A 座、单色机 A 座和裁纸机 A 座。五色机表示该机器一次可完成的印刷品色数最高为五色,以此类推。

印刷部门的作业流程大致上分为印前、印刷和印后三大部分。每一件产品都必须经过许多流程且每一个流程都可独立运作,所有的作业皆由一部机台完成,同时同型机台的作业方式极为相似,故将印刷部门的作业中心区分为四个作业中心,分别为彩色区作业中心、双色区作业中心、单色区作业中心和裁切区作业中心,如表 8-3 所示。

表 8-3　A 公司印刷部门的作业中心表

序号	作业中心
1	彩色区作业中心
2	双色区作业中心
3	单色区作业中心
4	裁切区作业中心

三、步骤 3：确认资源动因

当确认资源和作业中心后，即须确认资源分摊到作业中心的资源动因为何。印刷部门各作业中心的资源动因有些具直接归属的性质，如人工成本、机器成本，多以直接归属的方式分派至各作业中心；有些则通过因果关系来归属成本，如人工间接成本、厂房成本、设备成本和电力成本则以因果关系将成本归属至各作业中心。另外，有一小部分的成本，金额并不大（如文具用品费），因此无法以合适的资源动因归属至各作业中心之上，分摊方法由公司的 ABCM 项目小组成员讨论，选择较具意义的资源动因。有关 A 公司印刷部门的资源动因如表 8-4 所示。

表 8-4　A 公司印刷部门的资源动因表

资源科目	资源动因	1. 彩色区作业中心	2. 双色区作业中心	3. 单色区作业中心	4. 裁切区作业中心
变动成本					
电费	总机台工时				
物料	色令数				
直接人工(加班费)	个别认定				
固定成本					
直接人工（正常工作时间薪资）	个别认定				
间接人工	总人工小时				
厂房折旧	面积比例				
机台折旧	个别认定				
其他设备	车数/工时/员工数				
修缮费	车数/机台工时				
杂费	总机台工时				
品保分摊	总机台工时				
管制分摊	总机台工时				
印刷分摊	总机台工时				

四、步骤 4：确认各作业中心的相关作业项目

在导入 ABCM 之初，ABCM 项目小组认为有些作业的重要性不高且与其他作业的层级相同，同时也使用相同的成本归属方法，故 ABCM 项目小组最后决定将印刷部门的彩色区作业中心区分为预作业和印刷作业两大作业，从而适合实际生产的情况。此两大作业如表 8-5 所示。

表 8-5　A 公司印刷部门的作业中心及作业表

作业中心	作业名称
彩色区作业中心	1. 预作业
	2. 印刷作业

五、步骤 5：确认各项作业的作业流程和细目作业

ABCM 项目小组考虑到成本效益，认为应对各作业中心下的作业项目再分析其作业流程且细分其作业项目，以达资源归溯至"成本标的"的目的。以彩色区作业中心的预作业为例，按照其作业流程分为：检查印刷版、上版、调整尺寸、齐纸、洗车调墨和试印校色六个细目作业，如表 8-6 所示。

表 8-6　A 公司印刷部门的细目作业表

预作业	
作业流程	作业
检查印刷版	在上版之前，应由各机台领机检查印刷版是否有瑕疵等问题
上版	等印刷版确认无误后，则进行将印刷版挂上机台的作业
调整尺寸	调整组版归位，以利纸张输送
齐纸	纸张在印刷前须先甩纸并齐纸
洗车调墨	若印件所需的墨色并没有成品可以使用，就必须再调配颜色，并将机台原有的墨料清洗干净，从而准备下一组版的印制作业
试印校色	先试印几张，再与打样稿对比，确认无误

六、步骤 6：确认各细目作业的作业动因

有关各细目作业的作业动因，内容如表 8-7 所示。例如，预作业下的检查印刷版，其作业动因为检查次数/分钟；而上版的作业动因为分钟，其他有关

内容如表 8-7 所示,不再详述。

表 8-7　A 公司印刷部门的细目作业的作业动因表

预作业	
作业流程	作业动因
检查印刷版	检查次数/分钟
上版	分钟
调整尺寸	分钟
齐纸	分钟
洗车调墨	分钟
试印校色	试印次数/分钟

七、步骤 7:产生各种 ABCM 管理报表

A 公司依据其决策所需,产生不同的管理报表,该管理报表主要是针对成本面、效率面、员工面、资本支出面、客户关系(CRM)面、利润面及持续改善面为主。笔者将于本章第三节说明 A 公司实施 ABCM 的效益时,一并介绍相关管理报表的效益。

第三节　A 印刷股份有限公司实施作业基础成本管理后的效益

A 公司于 1993 年开始导入 ABCM,在正式落实作业面之前,其使用的是一般成本会计制度,经过几年的 ABCM 实施,其效益包括下列几项。

一、成本面

(1) 未实施 ABCM 时,公司的月成本结转仅能计算至月总销货成本和制程别(即部门别)成本,无法计算至每一笔印件的批次成本。且公司批次产品成本的计算方式是以年度总成本发生金额除以年度的总出货订单色令数量,得到每一色令的单位成本,再以此单位色令成本乘以每一印件的订单印刷色令数量而得到印件成本。该计算方式并未考虑在制品对成本的影响,亦未考虑订单数量未必等于实际生产数量的差异,更不要说对印件困难度的评比和生产工时不与

生产量成正相关的进一步衡量。该计算方式对产品成本的计算存在以下问题，除无法正确表达公司损益外，对容易造成各印件成本间虚盈实亏或虚亏实盈的情形，报价与实际情况有偏差。传统成本制度对成本信息的提供在时效性、相关性和正确性上皆有疑虑。

（2）在实施 ABCM 之后，通过将设计后的生产日报表，实时地输入并进行计算机运算，公司可得到各印件、各作业站、各员工、各机台和整个印刷部门的预作准备工时、实际印刷工时和耽误闲置工时，及其色令产出、车数产出、上版数等相关信息，并可进一步厘清有效产出和无效产出与印件印刷方式、印刷材质、油墨等与印件难易度评比的讯息。而每一不同成本库的成本金额可依据上列报表所搜集到的不同的相关成本动因分摊至每一作业站及印件。因此，可计算出每一印件比平均值精准的物料、人工和费用成本，也可计算出有效成本与无效成本、作业成本等辅助营销报价与生产管理所需的种种成本，使财务指向与作业指向得以一致。

二、效率面

在实施 ABCM 之前，成本信息仅可满足结转财务损益之需，虽然可得到各机台每月的总生产量，但却无法了解其实际有效工时为多少？生产每一印件所花的时间是多少？对效率、效能的评估无所帮助。又当财务报表表示赚钱时，不知因何种原因赚钱？是哪一位员工的效率精进？或引进哪一部自动化设备？或哪一种印件量增加所致？当财务报表表示亏钱时，亦不知为何亏损？且财务报表数字结算时间严重落后，下个月月底才来检讨上个月的生产情况，效率太差。

在实施 ABCM 后，依高附加价值作业、低附加价值作业和无附加价值作业的观念，将生产时间区分为实际印刷工时、预作准备工时和耽误闲置工时三段，使主管致力于有效工时、高附加价值作业的提升，以及无附加价值作业的缩减，进而规划员工在职教育训练、机台添购和印件承接等，对如何缩短预作准备时间和减少耽误空闲时间作出有效的管理决策。ABCM 的绩效分析连接财务信息，可多方面探讨效率指标，兹说明如下：

（1）事前管理方面：因 ABCM 成本制度对机台、领机和印件的特性皆有回归分析的纪录，可设定标准生产工时的作业参数，有利于预排排程及标准效率的管理,以及与实际值比较的差异分析。

(2)事中管理方面:因 ABCM 生产日报表为实时性输入,对生产效率、数量,甚至异常情形等(无件代工,或机障或待料或印损等),都可每日得知,每位员工、每部机台及每笔印件的作业效率和相关成本也可每日得知,有利于主管实时改善管理。

(3)事后管理方面:ABCM 可分析员工别/机台别/日夜班别/机台别等的日绩效、月绩效、年绩效等,并可作上月数或同期数的比较等,从而进行异常管理。亦可针对主管的特别管理需求,分析特定期间、特定印件或特定机台的比较,协助主管判断是否添购机台,添购哪一种机台等决策建议,或哪一项作业技术需再加强训练等建议。

A 公司导入 ABCM 而取得更精确的成本信息后,对于公司的产能运用状况也有改善,图 8-2 为 A 公司 ABCM 实施前后产能运用情况的比较图。由图 8-2可知,公司实施 ABCM 之后,具有生产力的营运时间(operating time)提高 30%以上;其他不具生产力者则降低,如营运损失(operating loss)、起动时间(set-up time)、非预期的等待时间(unexpected wait)、空闲时间(planned idle),以及损坏品所花费的时间(spoilage time),皆有 20%～30%的降低。由此可见 ABCM 实施后,提升了 A 公司具有生产力产能的效益,降低了无生产力产能的浪费。

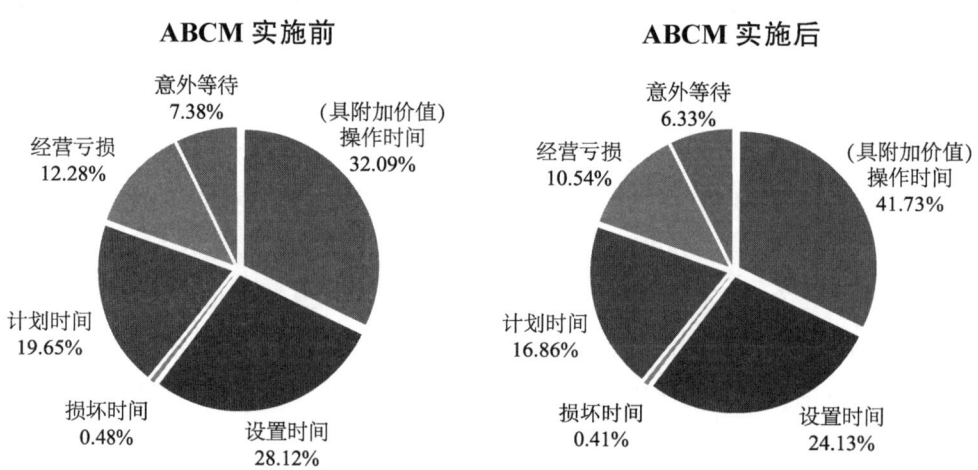

图 8-2　A 公司实施 ABCM 前后产能运用情况比较图

三、员工面

ABCM 除可协助公司了解哪一位员工需加强哪一项作业技能外,可规划哪一种员工适宜多职能工作？哪一种员工适合单一职能工作？亦可将员工绩效奖金与员工作业绩效结合,即将想提升的目标作业与员工的绩效奖金相结合,以明确、量化的数字加以衡量。

A 公司导入 ABCM 后,可以取得更精确的人工成本信息,从而可以了解哪些员工较无效率,进而对无效率员工进行教育训练,抑或是使无效率的员工离开公司,得以保留住对公司贡献较大的员工,员工的生产力因而得以提升,如图 8-3 和表 8-8 所示,A 公司在实施 ABCM 后,每位员工的生产力有上升的趋势。另外,笔者亦以 ANOVA 分析 ABCM 实施前后两群组的均值,发现 ABCM 实施前后的员工生产力具有显著的差异(达 10%统计显著水平),实施 ABCM 后单位员工的生产力显著比实施前高。由此看出公司导入 ABCM 后员工生产力确实有提高的趋势,如表 8-9 所示。

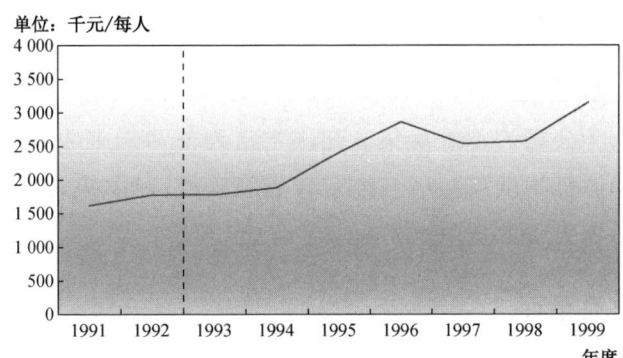

* 虚线为开始实施 ABCM 的日期。

** 以营业收入净额÷员工人数来衡量员工的生产力。

*** A 公司自 1993 年起开始导入 ABCM 后,员工生产力即有显著提升的趋势。

图 8-3 A 公司实施 ABCM 前后员工生产力变化图

表 8-8 A 公司实施 ABCM 前后员工生产力趋势表

年度	1991	1992	1993	1994	1995	1996	1997	1998	1999
员工生产力*	1 617.1	1 776.7	1 778.6	1 883.6	2 408.4	2 862.3	2 540.5	2 575.7	3 153.6
是否提高**	否	是	是	是	是	是	否	是	是

* 以营业收入净额÷员工人数来衡量员工的生产力。

** A 公司自 1993 年起开始导入 ABCM 后,员工生产力即有显著提升的趋势。

表 8-9   A 公司 ABCM 实施前后的员工生产力分析表

项目	实施 ABCM 前 **	实施 ABCM 后 ***	差异
员工平均生产力 *	1 696.89	2 457.54	760.65

* 以营业收入净额÷员工人数来衡量员工的生产力。
** 为 1991 和 1992 年的员工平均生产力。
*** 为 1993—1999 年的员工平均生产力。

四、流程合理化面

ABCM 可明确了解哪一项作业为无附加价值或低附加价值,使主管思考如何删除无附加价值的作业项目并提升必要的低附加价值作业的效率,综合而言,即利用 ABCM 信息对不合理的作业流程予以重新厘清所谓的再造工程(re-engineering),并可将每一项流程改造的效益回归至财务面去评估利弊得失,这也是真正可降低成本的正向思维。

五、资本支出面

资本支出包括外包(outsourcing)或自行添购大型自动化设备以扩充产能或战略联盟等,为公司的重大决策。此决定常为公司未来成败的转折,此时更需 ABCM 精确信息的试算并结合经营者的经验值,对未来市场进行评估并对公司定位等,使重大资本支出更妥善。

六、客户关系面

不是每一个客户的重要性是一致的,也不是下单量最大的客户就是利润最佳的客户(亦即市场占有率不等同于市场利润占有率),也不是同一个客户的每一张订单,都必须由公司生产才是最佳决策,不同客户间交期冲突时需先完成哪一位客户的需求?特殊订单(special order)值不值得承接?对哪一位重点客户应加强提供服务?以上问题在实务中经常遇到,以往的取舍往往在于营业员谁讲话大声或客户比较凶,而不是基于利润或重点客户或营销政策的考虑,使作业员常有累得半死却仍创造不了利润的茫然。因 ABCM 成本信息对每一订单/每一客户的利润可准确计算,公司的营业单位除可以此作为报价/降价的参考依据外,也可以此作为客户筛选管理的参考。

公司取得较精确的成本信息后,得以用于定价决策,根据较精确的成本信息,公司才能够对各类产品制定出合理的售价,不至于产生错误的定价决策,如此才能够确保公司的利益。A公司实施ABCM后所产生的成本信息对于公司所有产品的定价,比起以传统会计制度所产生的成本信息有较高的决策相关性,因此较能选出较佳的订单,从而利于收入和利润的提升。表8-10为A公司ABCM实施前后顾客群比较分析表,显示A公司在实施ABCM后,因更能明智地选取顾客,故使有利润的顾客群由原来的30%提升为75%,可以为公司提供赚取更多利润的机会。

表 8-10　A公司实施ABCM前后顾客群比较分析表

分类	实施ABCM之前:平均值	实施ABCM后:平均值
有利润的顾客	30%	75%
无利润的顾客	70%	25%

七、利润面

如前所述,在实施ABCM前,A公司只能得到一个平均单位成本,在与收入配合计算利润时,常常发生订购量小的订单有利润(单价高),订购量大的订单反而利润小或没有利润(单价低)的情形。在实施ABCM之后,A公司不仅能得到平均单位成本,更可进一步得到各机台的平均单位成本,以及各印件的实际成本,并进一步算出印件单位成本,如此在与收入配合计算利润时,除可得到更精确的损益数字外,还可对尚未结账的月份依其生产机台估出大概的生产成本,以评估订单的利润。

八、持续改善面

ABCM成本制度是基于作业、制程灵活的成本制度,随时可依新增/删除的制程,或新增/删除的作业站或新增/删除的机台,而重新设定相关的成本动因和成本计算,并可对作业进行持续改善。

通过上述的八点分析,我们将A公司的ABCM在管理上运用上的效益汇总,如表8-11所示。

表 8-11 A 公司的 ABCM 在管理方面运用上的效益汇总表

项目	ABCM 实施后的效益
一、成本面	ABCM 可计算出每一笔印件的成本,可清楚地知道各印件的盈亏情形,且降低无附加价值作业的成本。
二、效率面	ABCM 区分出有附加价值和无附加价值的作业,让管理者可以专注于改善各种无附加价值的作业。同时,ABCM 每日的生产报表可帮助主管马上看出公司的问题,对预排排程、生产效率、成本控制等问题的解决有极大帮助。
三、员工面	将员工的绩效表现与奖酬制度相结合,有助于激励员工,所以才易提升员工的生产力。
四、流程合理化面	ABCM 重新厘清生产流程中无附加价值的活动,协助生产流程再造,降低生产成本。
五、资本支出面	ABCM 精确的成本计算信息,再结合主管的经验,在扩厂或外包等决策上更加的正确,所以降低错误的资本支出。
六、客户关系面	因 ABCM 可计算出每一订单或每一客户的利润,公司可据此作出更正确的产品定价,及筛选出哪些客户是会为公司创造利润,放弃无利润的客户。
七、利润面	ABCM 计算出每一作业和各印件的实际成本,避免印件成本估计错误的问题,准确地计算或估算每项产品的利润,并减少不必要的浪费,故产品及顾客的利润都有提升的情况。
八、持续改善面	可随时灵活地新增或删除各项作业,重新设定相关成本动因和成本计算,持续对各项作业进行改造工作,因而达到持续降低成本的目的。

第九章

电子业实施作业基础成本管理时的设计和运用

——以三民电子公司为例

20 世纪 90 年代,台湾资讯电子产业急速蹿起,带动印刷电路板(PCB)需求高速成长。当时数百家相关支援厂商与各类供应商齐聚台湾北部,完整的上游产业和周边支援产业紧密结合,不但强化整体产业的力量,更促使上游相关原料、设备和代工资源供应源源不断,使其产品品质、价格竞争与交货期限在国际上占有相当大的优势。而且台湾业者技术成熟度高、生产规模逐年扩大,国际大厂纷纷来台湾地区寻求合作对象,更直接推动印刷电路板产业发展扶摇直上,成为仅次于日、美的全球第三大印刷电路板生产地区。但该产业在 2000 年达到高峰后,于 2001 和 2002 年连续衰退,直至 2003 年,受益于企业换机潮、彩色手机取代黑白手机、无线网路和消费性电子产品的普及化大背景,印刷电路板的需求再度升温。

印刷电路板被誉为"电子工业之母",近年获益于行动装置迅速普及,各国积极布局更高端的技术,如穿戴商品、车联网(含汽车电子)、智慧家庭与物联网等。随着科技更加融入现代人生活,为印刷电路板产业带来庞大商机。根据台湾电路板协会(TPCA)调查显示,台湾印刷电路板产业仍持续成长,全球市场占有率达 31%,预估 2020 年全球市场占有率将达到 37%,成为台湾第三个兆元产业。

第一节 三民电子公司实施作业基础成本管理的背景介绍

三民电子公司创立于 1987 年,主要以生产双面和多层印刷电路板为主,是一间专业且生产经验丰富的 PCB 制造商。经过 20 年的奋斗,该公司于 2005 年在中国台湾正式挂牌上市。1998 年,该公司完成生产管理计算机化,并通过 ISO9002 认证。1992 年,该公司通过多层板 UL 认证。1999 年,该公司购入桃园龟山厂,并拥有自动化制程设备。2003 年,该公司通过 ISO9001 认证。2004 年,该公司通过 ISO9000 认证。2011 年,该公司的 ERP 系统上线。2012 年,该公司开始 HDI 生产。

三民电子公司管理阶层观察到 3C 产品汰旧换新速度很快、产品生命周期短,因此三民电子公司初期的经营策略便锁定少量多样、快速交期和小型利基型市场。由于市场规模有限,加上大部分客户生产基地皆已移转至大陆地区,三民电子公司看好大陆地区发展,于 2006 年收购浙江三民 100% 股权,正式在大陆地区设立据点。至此,该公司共有台北、桃园与浙江三座工厂,成为生产大量少样和少量多样化 PCB 产品的专业印刷电路板制造商。通过两岸分工布局,该公司将大量生产订单交由大陆工厂生产,中小量和制程技术较高的订单则留在台湾,进而提供客户"全方位解决方案"(total solution)的服务。

随着大环境的变化,为提升公司管理决策的效率,三民电子公司决定导入 ABCM,协助整合台北厂与桃园厂的生产资源,减少生产管理、工程、工厂和业务端争执,精确计算产品和客户成本,降低产品定价错误发生率、补料、重工率和亏损产品比重,提高产品的优良率,从而为顾客提供更优质的产品和服务。

第二节 三民电子公司实施作业基础成本管理的情况

三民电子公司为持续改善台北厂和桃园厂的生产弹性和制程规划能力,创造出以少量多样、快速交期之利基型产品的竞争核心优势,并产出更精确的产品、顾客、人员、渠道等成本和利润资讯,提供给管理阶层作为决策参考。在笔者义务协助下,三民电子公司于 2011 年 3 月开始实施 ABCM,并以台北厂和桃园厂作为实施 ABCM 的对象。兹简单叙述电子三民公司实施 ABCM 的步骤,如图 9-1 所示。

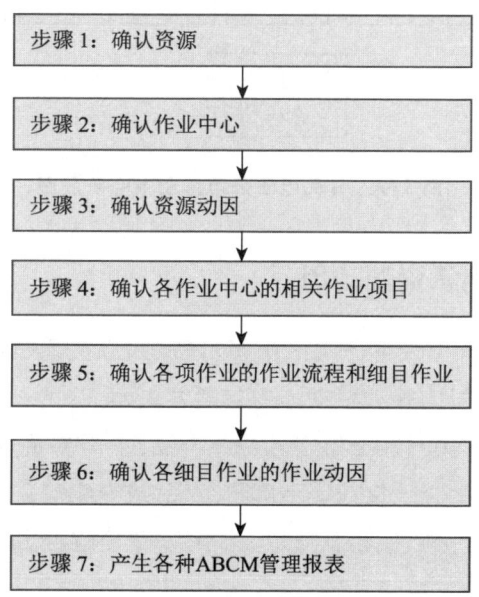

图 9-1　三民电子公司实施 ABCM 的步骤图

从图 9-1 可以了解,三民电子公司实施 ABCM 共有七个步骤,在此简要说明如下。

一、步骤 1:确认资源

三民电子公司的资源分类繁多,本章节只列举部分资源分类,包括薪资费用、水电费用、厂房租金、机器折旧费用、出口费用、交际费用、运费、物料费用和样品费等。

二、步骤 2:确认作业中心

三民电子公司的作业中心阶层如图 9-2 所示,部分的作业中心包括总经理办公室、人事部、财会部、厂部、销售部、运输部、采购部和品管部。

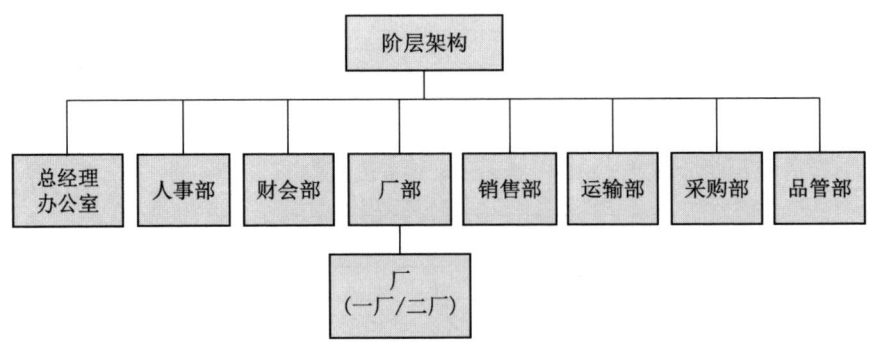

图 9-2 三民电子公司作业中心阶层图

三、步骤 3:确认资源动因

资源动因的选择一般可考虑使用者付费、因果关系、管理目的和成本效益等因素,三民电子公司选择资源动因的参考方式如下:

(1) 若费用可直接归属至特定客户或产品,不需将费用再分摊至各作业中心或作业;资源动因则应直接归属至客户、产品或专案等。

(2) 若费用可直接归属至作业中心,则该费用直接归属至作业中心,如品管部的费用。

(3) 若费用无法直接归属至产品、客户或作业中心,就必须找合理分摊基础将费用分摊。例如,保全费是全公司的费用,资源动因是作业中心人数,即依各作业中心人数分摊费用。又如,“水电费用”与“厂房租金”的分摊基础分别为“各单位协商费用比率”与“作业中心坪数”,从而归属至各作业中心。表 9-1 为三民电子公司选择的资源动因表。

表 9-1 三民电子公司资源动因表

资源分类	资源动因
薪资费用	直接归属作业中心
保全费用	作业中心人数
水电费用	各单位协商费用比率
厂房租金	作业中心坪数
机器折旧费用	直接归属作业中心

（续表）

资源分类	资源动因
出口费用	直接归属客户
交际费用	直接归属客户
运费	直接归属客户
物料费用	直接归属产品
样品费	直接归属客户

四、步骤 4：确认各作业中心的相关作业项目

作业被喻为"管理"的细胞，了解公司各项作业定义和划分，有利于将作业成本归属至成本标的(产品或客户)，并提供有关作业营运管理的资讯，进而提供给管理者以规划与改善流程。以三民电子公司的某厂生产部为例，其作业项目如表 9-2 所示。

表 9-2　三民电子公司作业中心的作业项目表(以某厂生产部为例)

部门名称	作业项目
某厂生产部	生产前作业
某厂生产部	生产中作业
某厂生产部	生产后作业

从表 9-2 中可看出，某厂生产部的作业项目为：生产前作业、生产中作业和生产后作业。

五、步骤 5：确认各项作业的作业流程和细目作业

为了进一步厘清三民电子公司的各项作业流程和细目作业，在成本与效益衡量原则下，其下属某厂生产部的生产中作业的作业流程和细目作业，如表 9-3 所示。

表 9-3　三民电子公司作业中心的作业项目和细目作业表

(以其下属某厂生产部的生产中作业为例)

部门名称	作业项目	细目作业
某厂生产部	生产中作业	磨刷移动作业
某厂生产部	生产中作业	磨刷处理换线
某厂生产部	生产中作业	磨刷处理首件

（续表）

部门名称	作业项目	细目作业
某厂生产部	生产中作业	镀铜
某厂生产部	生产中作业	水洗烘干首件
某厂生产部	生产中作业	QC检验
某厂生产部	生产中作业	网板清洗
某厂生产部	生产中作业	网板烘烤
某厂生产部	生产中作业	上乳剂
某厂生产部	生产中作业	网版第二次烘烤
某厂生产部	生产中作业	曝光作业

某厂生产部的生产中作业的细目作业非常多，在此只列出部分的细目作业。从表9-3中，可以看出部分的细目作业包括：磨刷移动作业、磨刷处理换线、磨刷处理首件、镀铜、水洗烘干首件、QC检验、网板清洗、网板烘烤、上乳剂、网板第二次烘烤和曝光作业等。

六、步骤6：确认各细目作业的作业动因

作业动因为成本标的耗用作业成本的原因。当三民电子公司下属某厂确认各细目作业后，接下来要确认作业动因，如表9-4所示。

表9-4　三民电子公司各细目作业的作业动因表（以某厂生产部的生产中作业为例）

部门名称	作业项目	细目作业	作业动因
某厂生产部	生产中作业	磨刷移动作业	制令数
某厂生产部	生产中作业	磨刷处理换线	换线制令数
某厂生产部	生产中作业	磨刷处理首件	换线制令数
某厂生产部	生产中作业	镀铜	PNL数
某厂生产部	生产中作业	水洗烘干首件	换线制令数
某厂生产部	生产中作业	QC检验	PNL数
某厂生产部	生产中作业	网板清洗	网板清洗数
某厂生产部	生产中作业	网板烘烤	网板烘烤数
某厂生产部	生产中作业	上乳剂	上乳剂数
某厂生产部	生产中作业	网版第二次烘烤	网版第二次烘烤数
某厂生产部	生产中作业	曝光作业	PNL数

以某厂生产部的生产中作业为例,当细目作业为"磨刷移动作业"时,其作业动因为"制令数"。其他细目作业之"作业动因",如表9-4所示。

七、步骤7:产生各种ABCM管理报表

ABCM可以产出产品、客户和人员等所需的管理资讯,作为未来管理决策的重要参考依据。

在此将三民电子公司导入ABCM产出的相关管理报表简要说明如下。

(一) 产品面

三民电子公司产出各项产品别利润分析表和产品的净利率表,如表9-5和表9-6所示。

表9-5 三民电子公司产品别利润分析表

产品别	占公司总产品率	单价	作业成本	产品成本	利润
产品A	×××	×××	×××	×××	×××
产品B	×××	×××	×××	×××	×××
产品C	×××	×××	×××	×××	×××
产品D	×××	×××	×××	×××	×××
产品E	×××	×××	×××	×××	×××
产品F	×××	×××	×××	×××	×××
……	……	……	……	……	……

表9-6 A产品净利率表

A产品净利率					
20××年××月					
项次	客户编号	销货收入	总成本	净利	净利率
1	AA	×××	×××	×××	××%
2	BB	×××	×××	×××	××%
3	CC	×××	×××	×××	××%
4	DD	×××	×××	×××	××%
5	EE	×××	×××	×××	××%
6	GG	×××	×××	×××	××%

（续表）

项次	客户编号	销货收入	总成本	净利	净利率
7	XX	×××	×××	×××	××%
8	HH	×××	×××	×××	××%
9	TT	×××	×××	×××	××%
10	SS	×××	×××	×××	××%
11	YY	×××	×××	×××	××%
12	TY	×××	×××	×××	××%
13	DA	×××	×××	×××	××%
14	AZ	×××	×××	×××	××%
15	SD	×××	×××	×××	××%
16	TR	×××	×××	×××	××%
17	BA	×××	×××	×××	××%
18	MN	×××	×××	×××	××%
19	MX	×××	×××	×××	××%
20	TS	×××	×××	×××	××%

（二）客户面

三民电子公司产出每位客户的净利率表，如表9-7所示。

表 9-7　三民电子公司客户净利率表

客户净利率					
20××年××月					
项次	客户编号	业务人员	销售金额	总成本	净利	净利率
1	AA	A	×××	×××	×××	××%
2	BB	B	×××	×××	×××	××%
3	CC	C	×××	×××	×××	××%
4	DD	D	×××	×××	×××	××%
5	EE	E	×××	×××	×××	××%
6	GG	F	×××	×××	×××	××%
7	XX	G	×××	×××	×××	××%
8	HH	H	×××	×××	×××	××%

项次	客户编号	业务人员	销售金额	总成本	净利	净利率
9	TT	I	×××	×××	×××	××％
10	SS	J	×××	×××	×××	××％
11	YY	K	×××	×××	×××	××％
12	TY	L	×××	×××	×××	××％
13	DA	M	×××	×××	×××	××％
14	AZ	N	×××	×××	×××	××％
15	SD	O	×××	×××	×××	××％
16	TR	P	×××	×××	×××	××％
17	BA	Q	×××	×××	×××	××％
18	MN	R	×××	×××	×××	××％
19	MX	S	×××	×××	×××	××％
20	TS	T	×××	×××	×××	××％

（三）人员面

三民电子公司产出每位人员的产能利用率，如表 9-8 所示。

表 9-8　三民电子公司人工产能利用率表

部门	员工编号	人工产能利用率
A 组	001	××％
A 组	002	××％
A 组	003	××％
A 组	004	××％
B 组	005	××％
B 组	006	××％
B 组	007	××％
C 组	008	××％
C 组	009	××％

又 ABCM 也可以产出业务人员绩效表，如表 9-9 所示。

表 9-9　业务人员绩效表

业务人员绩效			
201×年××月			
项次	业务人员姓名	销货收入	净利	净利率
1	林××	×××	×××	××%
2	刘××	×××	×××	××%
3	吴××	×××	×××	××%
4	陈××	×××	×××	××%
合计		×××	×××	××%

第三节　三民电子公司实施作业基础成本管理后的效益

三民电子公司自 2011 年 3 月开始实施 ABCM,经过 3 年多的设计期,公司通过改变现有的成本分摊方式,进而分析各项作业流程,利用作业中心与作业动因将资源追溯至成本标的,取得更精确的成本资讯,更能以这些资讯作出更佳决策。三民电子公司所处行业竞争激烈,ABCM 对三民电子公司之经营绩效有显著的改善及提升。

在此简要说明三民电子公司实施 ABCM 后的效益。

一、产品管理

公司可以精确计算每项产品的制程总成本,能有效预防重复工作与错误,降低物料的耗用。即使在经济环境较低迷时期,产品平均净利率仍提升约 10%。

二、顾客管理

分群顾客管理,提高每位客户的贡献度,亏损客户数下降约 20%。产品资讯完整,使公司可以作出灵活定价,报价错误情况大幅减少,获利产品占销售产品比重提升约 20%。

三、产能管理

公司的人力资源弹性运用,减少非必要的加班,并稳定达成客户交货期限的要求。同时,设备产能有效改善,提升作业效率,降低错误率约 30％。

四、自制与外包管理

公司依据各制程产能运用资讯和制程自制成本的产出,不论自制或外包决策更能符合公司整体利益,因此与外包商的议价更加合理,从而降低外包加工费。

五、绩效管理

生产单位与业务单位沟通资讯一致,达到目标改善明确化和行动一致化的成效。因此,ABCM 能够正确反映工作绩效,员工自发性改变行为模式,重视成本管控,提升个人绩效约 20％。

第十章

银行业实施作业基础成本管理时的设计和运用

——以 B 银行为例

台湾金融环境日益复杂,而且竞争激烈,为有效地经营金融机构,增进生产力并预防金融风暴发生的可能,于金融机构推行"管理会计"新技术,实有其必要性。不同于传统的管理会计技术只重视成本观念,新的管理会计技术范畴涵盖质量、时间、价值、弹性和顾客满意度的观念。因为质量提升、时间缩短、价值提高和产量更具弹性,皆可促进企业的生产力和竞争能力。

ABCM 已被美国和英国的金融机构所采用。如 Mabberley(1992)在其书中即说明,美国(如花旗银行)和英国的银行皆采用 ABCM 技术。此技术的主要目的在于增进金融机构作业的附加价值,减少浪费,并协助发现日常作业的弊端。

台湾金融业的竞争越来越激烈,为有效从事成本管理,获取竞争优势,ABCM 的实施为不容忽视的课题。因而本章主要以台湾的某商业银行(以下简称 B 银行)为个案,探讨其实施和运用 ABCM 的情况,以供同业及其他行业参考。

有关服务业与制造业在实施 ABCM 时,其最大的不同点在于制造业的流程非常明确,产品的定义也非常清楚。服务业的服务流程千变万化,而且产品或服务的定义又往往不易明确和具体化,因而服务业实施 ABCM 时,最重要的课题是先要将产品或服务定义清楚,如此往前推,则易确定产品或服务的相关流程和作业,也唯有如此,才不易遗漏某些流程或某些服务项目,而丧失了ABCM 的有用信息。

第一节 B 银行实施作业基础成本 管理的背景介绍

如前所述,本节主要在探讨 B 银行实施和运用 ABCM 的情况。以下拟先介绍 B 银行的背景资料。

B 银行的业务范围包括 15 项:

(1) 收受支票存款。

(2) 收受活期存款。

(3) 收受定期存款。

(4) 办理短期和中期放款。

(5) 办理票据贴现。

(6) 投资公债、短期票券、公司债券和金融债券。

(7) 办理国内外汇兑。

(8) 办理商业汇票的承兑。

(9) 签发国内外信用状。

(10) 办理国内外保证业务。

(11) 代理收付款项。

(12) 代销公债、国库券、公司债券和公司股票。

(13) 办理与前列各款业务有关的仓库、保管,以及代理服务业务。

(14) 经中央主管机关核准设立储蓄部和信托部,办理储蓄业务和信托业务。

(15) 经中央主管机关核准办理的其他有关业务。

因银行业的生态改变快,所以该银行不仅面临国内,甚至是国外银行的激烈竞争,为获取竞争优势,我们从 B 银行 1986 年经营计划中的五大方向即可清楚地了解,B 银行非常重视顾客导向,以提高效率、效能和扩大国际化营运方向为主,有关 B 银行经营计划的五大方向的内容如下所述:

(1) 以客户为导向,推出创新、组合式产品,并建立服务口碑。

（2）制定成为"了解客户的银行"的战略，并达成低风险、高利润和高成长的目标。

（3）强化资金来源和运用效率，并拓展直接金融业务，提高收益率。

（4）配合金融国际化政策，加强服务海内外客户，提升本行在国际金融界的地位。

（5）加强金融周边业务的推广，提升经营绩效。

从 B 银行 1986 年经营计划中可清楚看出，该银行的经营方向着重低风险、高利润和高成长的目标，这也是 B 银行积极推动 ABCM 的主要目的，亦即希望通过 ABCM 来达到成本的有效管理，获取竞争优势。在此需强调，该银行在实施 ABCM 之前，已投入相当的人力、物力和经费在推动"再生工程"方面，因为"再生工程"主要系对各种作业的流程加以有效的规划管理和整合，实为 ABCM 的推动建立了良好的基础工程。

第二节　B 银行实施作业基础成本管理的情况

为有效实施 ABCM，B 银行在台湾 30 多家分行，分三个阶段实施。第一阶段先以一家分行（以下称为 A 分行）和信用卡部门为对象进行推动，第二阶段推动至其他 5 家分行，第三阶段则推动至其他分行、总行的所有部门（如信息、会计、法人金融和个人金融等管理性部门）。

B 银行从 1996 年 7 月开始于分行业务和信用卡业务推动 ABCM，经过 1 年多，所有分行已全面采用 ABCM，并逐渐推动至总行的所有部门中。本章主要探讨第一阶段的分行和信用卡业务实施 ABCM 的情况。兹将有关内容说明如下。

一、ABCM 短期发展计划

不管在分行或信用卡部门从事 ABCM 短期发展计划时，主要系以问题、目标和产出三个层面相结合来规划，根据拟解决的问题，再提供欲达成的目标，最后为产出 ABCM 管理报表为主，有关的内容如表 10-1 和图 10-1 所示。

表 10-1　B 银行 ABCM 短期发展计划——问题、目标及产出表

拟解决的问题	目标	产出 ABCM 管理报表
1. 分行业务		
1. 了解分行各项作业的成本为多少？ 　例如： 　（1）使用提款机一次的成本是多少？ 　（2）人工操作下临柜现金存入一次的成本是多少？	提供各种成本信息	1. 各项作业成本分析表
2. 分行各部门或各作业需要和已耗用多少资源？会计部门应该分配给各部门多少资源？	有效配置和管控资源，进而有效运用资源	2. 各项资源耗用表 3. 作业基础预算的编制表 4. 各项费用分摊明细表
3. 分行各部门各作业的生产效率如何？	有效管控部门和作业的生产效率	5. 各项作业的产能分析表
4. 分行的哪些顾客是赚钱的？哪些顾客是赔钱的？	客户别利润分析和管理	6. 顾客别利润贡献分析表
5. 分行应该推广何种产品？	产品别利润分析和管理	7. 产品别利润分析表
2. 信用卡业务		
1. 了解各单位各项作业的成本为多少？ 　例如： 　（1）信用卡申请书建档一件的成本是多少？ 　（2）帮客户调阅信用卡签账单一笔的成本是多少？	提供各种作业成本信息	1. 各项作业成本分析表
2. 各单位各项作业的生产效率如何？	有效控管部门和作业的生产效率	2. 各项作业绩效评估指针分析表
3. 信用卡客户中哪一些是赚钱的客户？哪一些是赔钱的客户？	客户别利润分析和管理	3. 顾客别利润贡献分析表 4. 顾客别绩效评估分析表
4. 应该推广何种信用卡产品？	产品别利润分析和管理	5. 产品别利润贡献分析表 6. 产品别绩效评估分析表
5. 应该以何种渠道推广？	推广渠道利润分析和管理	7. 渠道别利润分析表 8. 渠道别绩效评估分析表
6. 各单位或各项作业需要和已耗用多少资源？会计单位应该分配给各单位多少资源？	有效配置和管控资源，进而有效运用资源	9. 各项资源耗用表 10. 作业基础预算的编制表

（出处：吴安妮，1997 年，由 B 银行的企业改造解析 ABC 在台湾金融业之应用，会计研究月刊，第 144 期，第 18 页。）

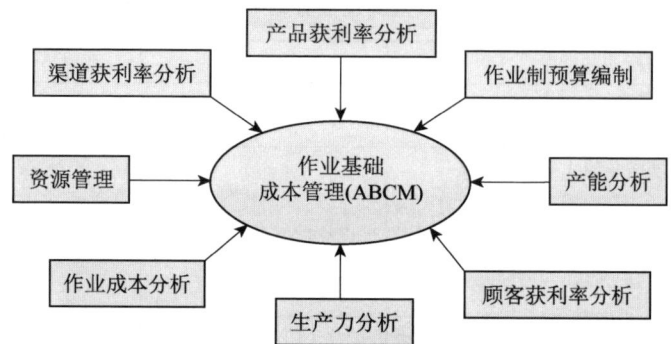

图 10-1　B 银行的 ABCM 短期发展计划内容图

（出处：吴安妮，1997 年，由 B 银行的企业改造解析 ABC 在台湾金融业之应用，会计研究月刊，第 144 期，第 19 页。）

二、ABCM 的实施任务

为有效地实施 ABCM，B 银行对 ABCM 制定了实施的任务方向，共包括四大项目：

（1）完成执行的规划。

（2）修改模型。

（3）执行模块。

（4）运用信息。

有关此内容如表 10-2 所示。

表 10-2　B 银行实施作业基础成本管理（ABCM）的任务表

编号	任务名称
1	1. 完成执行的规划
2	分行实地访谈和了解
3	管理单位访谈和了解
4	完成书面报告
5	2. 修改模型
6	增减作业
7	加强重组总账
8	增减作业中心

编号	任务名称
9	调整资源动因
10	调整作业动因
11	调整管理报表
12	3. 执行模块
13	重组总账
14	计算机作业量统计
15	人工操作量统计
16	成本归户①
17	管理报表产生
18	4. 运用信息
19	撰写 ABCM 管理报告
20	分送和说明信息
21	处理回馈

（出处：吴安妮，1997 年，由 B 银行的企业改造解析 ABC 在台湾金融业之应用，会计研究月刊，第 144 期，第 19 页。）

三、实施 ABCM 的步骤

当确定 ABCM 的短期计划和 ABCM 的实施任务后，接着另一个工作为制定明确实施 ABCM 的七大步骤，如图 10-2 所示。

兹将 B 银行实施 ABCM 步骤的有关内容一一说明如下。

（一）确认资源

不管是 A 分行或信用卡部门皆将资源归类成五大类：人事费用、场地费用、折摊费用、事务费用和其他非作业性费用，而每一项资源下皆有次资源，如表 10-3所示。

---

① 成本归户是指把成本归属于某一成本目标。

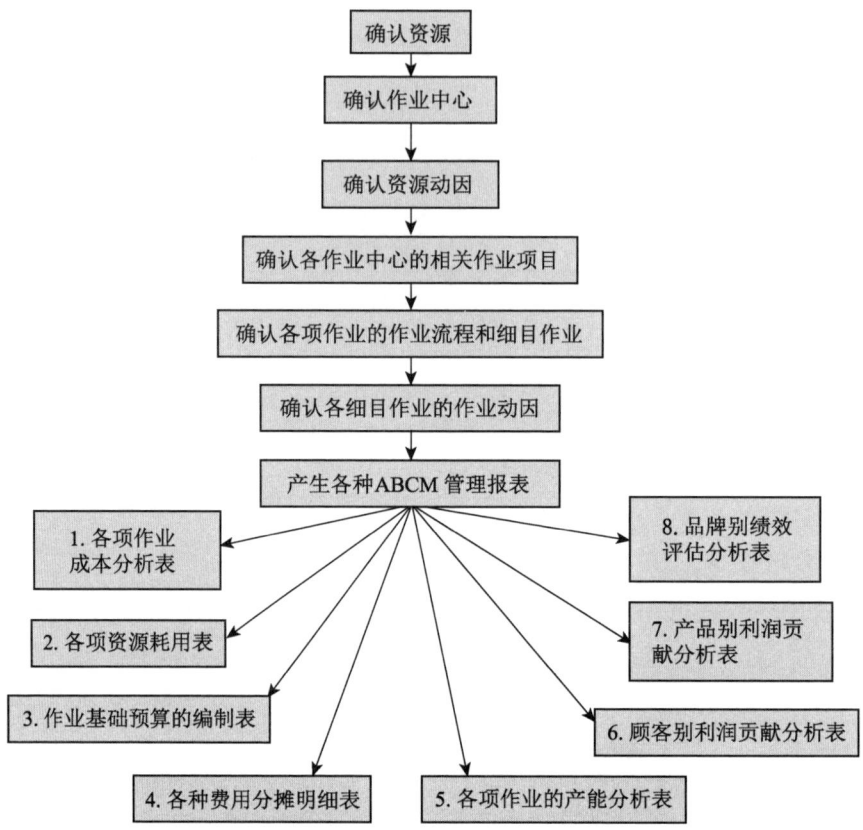

图 10-2　B 银行实施 ABCM 的步骤图

（出处:吴安妮,1997 年,由 B 银行的企业改造解析 ABC 在台湾金融业之应用,会计研究月刊,第 144 期,第 15-31 页。）

表 10-3　B 银行各项资源表　　　　　　　　　　单位:元

资源								
薪金								
膳费								
1.人事费用小计								
租金								
水电								
2.场地费用小计								

（出处:吴安妮,1997 年,由 B 银行的企业改造解析 ABC 在台湾金融业之应用,会计研究月刊,第 144 期,第 20 页。）

交通设备							
其他设备							
3. 折摊费用小计							
交通费							
印刷费							
电脑作业费							
4. 事务费用小计							
各项费用合计							
5. 其他非作业性费用							
广告费							
交际费							

备注：本表仅代表性地列出重点性的资源科目供读者参考。

（二） 确认作业中心

B 银行将 A 分行的作业中心分成 11 类，而每一作业中心下有其作业数目，整个分行的作业数目为 156 个；又信用卡部门以发卡业务为例，其作业中心共有 11 个，整个作业数目为 92 个，如表 10-4 所示。

表 10-4　B 银行的作业中心表

作业中心	作业数目
1. A 分行部门	
1. 临柜作业中心	46
2. 后线作业中心①	6
3. 支持性作业中心	3
4. 运钞作业中心	3
5. 系统作业中心	4
6. 收付处作业中心	4
7. 自动柜员机作业中心	7

（出处：吴安妮，1997 年，由 B 银行的企业改造解析 ABC 在台湾金融业之应用，会计研究月刊，第 144 期，第 20 页。）

————————————

① 柜台人员把顾客的数据集中在一起，交给该作业中心处理。

(续表)

作业中心	作业数目
8. 个人消费作业中心	26
9. 法人授信作业中心	13
10. 法人推广作业中心	18
11. 授管授服作业中心①	26
合计	156

2. 信用卡部门的发卡业务

作业中心	作业数目
1. 企划	3
2. 推广	16
3. 征信	13
4. 制卡	8
5. 授权	2
6. 清算	3
7. 账单	3
8. 付款	14
9. 客服	19
10. 催收	9
11. 伪冒	2
合计	92

（三） 确认资源动因

当确认资源和作业中心后,即须确认资源分摊到作业中心的资源动因是什么？此内容如表 10-5 所示。

---

① 授管授服作业中心处理借贷业务相关信用的查询。

表 10-5　B 银行的 A 分行各项资源动因表

资源	资源动因	1.临柜	2.后线	3.支援性	4.运钞	5.系统	6.收付处	7.自动柜员机	8.个人消费	9.法人授信	10.法人推广	11.授管授服
薪金	人数/工时											
膳费	人数											
1. 人事费用小计												
租金	坪数											
水电	坪数											
2. 场地费用小计												
交通设备	视不同特性而异											
其他设备	视不同特性而异											
3. 折摊费用小计												
交通费	次数/地点											
印刷费	各作业中心使用之张数											
电脑作业费	使用次数CPU 小时											
4. 事务费用小计	人数											
各项费用合计												
5. 其他非作业性费用												
广告费	客户数											
交际费	次数/地点											

＊本表仅代表性地列出重点性的资源科目供读者参考。

（出处：吴安妮,1997 年,由 B 银行的企业改造解析 ABC 在台湾金融业之应用,会计研究月刊,第 144 期,第 20 页。）

从表 10-5 中可知,A 分行的薪金分摊到 11 个作业中心的动因为"人数/工时",而租金分摊到 11 个作业中心的动因为"坪数",印刷费的资源动因则为"各作业中心使用之张数"。

（四） 确认各作业中心的相关作业项目

如前所述，A 分行有 11 个作业中心，共 156 个作业项目，其中临柜部分有 46 个作业项目，兹以临柜作业为例，其有关的部分作业项目的内容如表 10-6 所示。表 10-7 列示以信用卡部门的发卡业务的征信作业中心为例的有关作业名称。

表 10-6　B 银行的 A 分行各作业中心的相关作业表（以临柜的部分作业为例）

作业中心	作业名称
临柜作业中心	活期性存款现金存入
	活期性存款现金提出
	活期性存款本交票转账存入
	活期性存款次交票转账存入
	活期性存款外埠票转账存入
	活期性存款存款转账存入
	活期性存款汇款转账存入
	活期性存款支票转账提出
	活期性存款存款转账提出
	活期性存款汇款转账提出
	活期性存款维护
	支票存款维护
	定期性存款现金存入
	定期性存款现金提出
	定期性存款本交票转账存入
	定期性存款次交票转账存入
	定期性存款外埠票转账存入
	定期性存款存款转账存入
	定期性存款汇款转账存入
	定期性存款支票转账提出
	定期性存款存款转账提出
	定期性存款汇款转账提出

（出处：吴安妮，1997 年，由 B 银行的企业改造解析 ABC 在台湾金融业之应用，会计研究月刊，第 144 期，第 21 页。）

表 10-7　B 银行发卡业务各作业中心的相关作业表（以征信作业中心为例）

作业中心	作业名称
征信作业中心	制定信用政策
	收件
	建档
	A 级征信——分行
	A 级征信——快速发卡
	A 级征信——一般
	B 级征信
	退件整理
	补件整理
	申请书微缩
	申请书整理归档
	调整固定额度
	其他调整项目
	调阅申请书
	计算机数据维护

（五）　确认各项作业的作业流程和细目作业

A 分行在成本效益衡量下，认为应对各作业中心下的作业项目再加以分析其作业流程且细分其作业项目，从而达到资源归溯至"成本标的"的目的。例如，存簿下的现金存入的作业流程为临柜、清点现金、刷折作业、认证传票和结账等工作。表 10-8 是以现金为例的作业流程和各细目作业。

表 10-8　B 银行的 A 分行各细目作业及作业动因表（以现金存入作业为例）

（一）存入
1. 现金
（1）存簿存款

作业流程	作业
临柜	接受客户交来单据检视
清点现金	点钞、查验
刷折作业	输入交易代号、刷折；键入电脑打印存折、刷折
认证传票	打印、检视、盖章

（续表）

作业流程	作业
结账	归还客户;传票盖章置入栏中、现金结平后交主管核章

（2）支票存款

作业流程	作业
临柜	接受客户交来单据检视
清点现金	
输入计算机	
认证传票	打印、检视、盖章
结账	收据交还客户、传票盖章置入栏中、现金结平后交与主管核章

（出处:吴安妮,1997 年,由 B 银行的企业改造解析 ABC 在台湾金融业之应用,会计研究月刊,第 144 期,第 22 页。）

（六） 确认各细目作业的作业动因

有关各细目作业的作业动因,内容如表 10-9 所示。例如,存簿现金存款下的临柜细目作业的作业动因为交易次数或单据张数;而清点现金的作业动因为金额,刷折作业的作业动因为交易笔数等,其他有关内容如表 10-9 所示,不再详述。

表 10-9 B 银行的 A 分行各细目作业及作业动因表（以现金存入作业为例）

（二）存入
2. 现金
（1）存簿存款

作业流程	作业	作业动因
临柜	接受客户交来单据 检视	交易次数 单据张数
清点现金	点钞、查验	金额
刷折作业	输入交易代号、刷折;键入电脑打印存折、刷折	交易笔数
认证传票	打印、检视、盖章	单据张数
结账	归还客户;传票盖章置入栏中、现金结平后交主管核章	批次

（2）支票存款

作业流程	作业	作业动因
临柜	接受客户交来单据检视	交易次数 单据张数

（续表）

作业流程	作业	作业动因
清点现金		
输入计算机		
认证传票	打印、检视、盖章	单据张数
结账	收据交还客户、传票盖章置入栏中、现金结平后交与主管核章	批次

（出处：吴安妮，1997年，由B银行的企业改造解析ABC在台湾金融业之应用，会计研究月刊，第144期，第22页。）

（七）产生各种 ABCM 管理报表

B 银行的各种 ABCM 管理报表的产生系根据 ABCM 的短期规划的产出面而来。以下介绍有关产生 ABCM 的各种管理报表的情况。

B 银行主要系通过计算机信息来产生 ABCM 的信息系统结构图，如图10-3 所示。

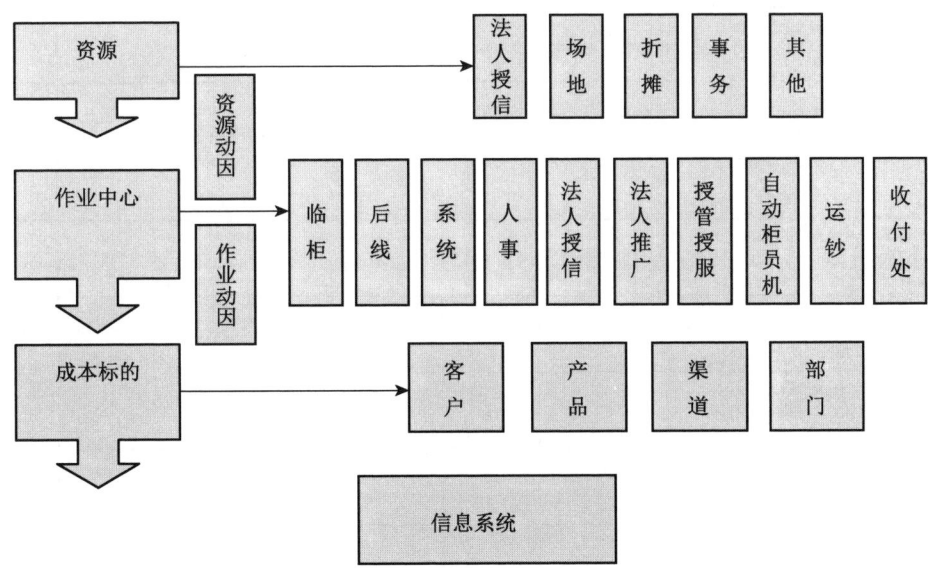

图 10-3　B 银行的 A 分行 ABCM——信息系统结构图

（出处：吴安妮，1997年，由B银行的企业改造解析ABC在台湾金融业之应用，会计研究月刊，第144期，第22页。）

兹将 ABCM 管理性报表的内容和其功用简单地说明如下。

1. 各项作业成本分析表

为提供 A 分行的各项作业成本信息,如提供活期性存款的现金存入一次的成本、交易笔数和每笔交易时间等信息,A 分行产生了各项作业的成本分析表。现以临柜的部分作业为例,其内容如表 10-10 所示。又表 10-11 则为信用卡部门的发卡业务的作业成本分析情况,从中可清楚地看出,就发卡业务中收件所发生的直接成本、支持性成本和总成本,可供负责作业的主管了解各项作业成本及其比重的相关信息。

表 10-10　B 银行的 A 分行各项作业成本分析表(以临柜部分作业为例)

作业细目名称	交易笔数	每笔交易时间	作业时间	百分比	共同成本	个别认定的费用	作业总成本	单位成本
活期性存款现金存入								
活期性存款本交票转账存入								
活期性存款次交票转账收入								
活期性存款代收票转账收入								
活期性存款现金提出								
活期性存款存款转账提出								
活期性存款维护——活存结清								
活期性存款维护——计收透支息								
活期性存款维护——支存结清								
活期性存款维护——补登存折								
活期性存款存款转账存入								

(出处:吴安妮,1997 年,由 B 银行的企业改造解析 ABC 在台湾金融业之应用,会计研究月刊,第 144 期,第 23 页。)

总之,从表 10-10 和表 10-11 中可清楚地看出各项作业所发生的时间、作业总成本或单位成本等有用信息,从而供规划和控制各项作业成本使用。

表 10-11　B 银行的信用卡部门各项作业成本分析表（以发卡业务作业为例）

发卡业务作业细项名称	成本性质				总成本	各作业成本比重
	直接成本		支援性成本			
	金额	比重	金额	比重		
制定信用政策						
收件						
建档						
A 级征信						
B 级征信						
退件处理						
补件处理						
申请书微缩						
申请书整理归档						
调整固定额度						
其他调整项目						
合计						

（出处：吴安妮，1997 年，由 B 银行的企业改造解析 ABC 在台湾金融业之应用，会计研究月刊，第 144 期，第 24 页。）

2. 各项资源耗用表

以 A 分行为例，为有效管控各项资源，产生了各项资源耗用表。现以人力资源为例，从表 10-12 中可清楚地看出哪位员工是从事哪一作业中心的工作，其耗用在不同作业中心的比重和小时数，由此了解各项资源耗用在哪些作业中心最多，为有效管控该类资源提供了一项有用的信息。

表 10-12　B 银行的 A 分行各项资源耗用表（以人力资源为例）

序号	员工姓名	级职	临柜作业		后线作业		支持性作业		运钞		系统作业		收付处		自动柜员机		个人消费		法人授信		法人推广		授管授服		人数合计
			小时	百分比	小时	百分比	小时	百分比	小时	百分比	小时	百分比	小时	百分比	小时	百分比	小时	百分比	小时	百分比	小时	百分比	小时	百分比	
1																									
2																									
3																									
4																									
5																									
6																									

（续表）

序号	员工姓名	级职	临柜作业		后线作业		支持性作业		运钞		系统作业		收付处		自动柜员机		个人消费		法人授信		法人推广		授管授服		人数合计	
			小时	百分比	小时	百分比	小时	百分比	小时	百分比	小时	百分比	小时	百分比	小时	百分比	小时	百分比	小时	百分比	小时	百分比	小时	百分比	小时	百分比
7																										
8																										
9																										
10																										
11																										
12																										
13																										
14																										
15																										
16																										
总计																										

（出处：吴安妮，1997 年，由 B 银行的企业改造解析 ABC 在台湾金融业之应用，会计研究月刊，第 144 期，第 24 页。）

3. 作业基础预算的编制表

为有效地分配资源，避免各部门间有资源分配不均的现象发生，B 银行采用 ABCM 预算制度。在 ABCM 预算制度下，可以为各项资源和各细目作业编制预算。表 10-13 为以 B 银行的 A 分行为例的各项资源的 ABCM 预算表。

编制预算之前，得先了解每一作业中心的预计资源动因子和每一资源动因的预计单位成本，此举不仅可为每一作业中心编制各种不同资源的预算，同时也得以了解各作业中心拟耗用的总资源金额，对资源的规划好处甚大，且可避免部门间互争资源的缺失。

表 10-14 为各细目作业的 ABCM 预算表。此表是以现金的存簿存款及支票存款为例，首先得规划每一作业动因的预计单位成本，然后为预计作业动因子，将两者相乘，即可获得每一作业的预计成本。此表不仅可以规划出每一细目作业的预计成本，同时也得以了解作业中心各作业的预计成本，对资源的规划工作非常有益。

表 10-13　B 银行的 A 分行各项资源的 ABCM 预算表

资源科目	资源动因	每一资源动因的预计单位成本	1. 临柜		2. 后线		3. 支援性		4. 运钞		5. 系统 *	
			预计资源动因子	预计总成本	预计资源动因子	预计总成本	预计资源动因子	预计总成本	预计资源动因子	预计总成本	预计资源动因子	预计总成本

　*为简化表格，未将 5 之后的"6.收付处、7.自动柜员机、8.个人消费、9.法人授信、10.法人推广、11.授管授服"等项目纳入表中。

（出处：吴安妮，1997 年，由 B 银行的企业改造解析 ABC 在台湾金融业之应用，会计研究月刊，第 144 期，第 25 页。）

表 10-14　B 银行的 A 分行各细目作业的 ABCM 预算表

（以现金存簿存款和支票存款为例）

1. 存簿存款

作业流程	作业	作业动因	每一作业动因的预计单位成本	预计作业动因子	每一作业的预计成本
临柜	接受客户交来单据检视	交易次数单据张数			
清点现金	点钞、查验	金额			
刷折作业	输入交易代号、刷折、键入电脑打印存折、刷折	交易笔数			
认证传票	打印、检视、盖章	单据张数			
结账	归还客户、传票盖章置于栏中、现金结平后交主管核章	批次			

2. 支票存款

临柜	接受客户交来单据检视	交易次数单据张数			
清点现金					
输出计算机					
认证传票结账	打印、检视、盖章收据交还客户、传票盖章置于栏中、现金结平后交主管核章	单据张数批次			

（出处：吴安妮，1997 年，由 B 银行的企业改造解析 ABC 在台湾金融业之应用，会计研究月刊，第 144 期，第 26 页。）

4. 各种费用分摊明细表

表 10-15 为各种费用的分摊明细表,以人事费用为例,从表 10-15 中可清楚地看出,A 分行的人事费用是如何分摊的。

表 10-15　B 银行的 A 分行各种费用分摊明细表(以人事费为例)

| | | 人数分摊表 | | | | | | 人点数①分摊表 | | | | | |
| | | | 放款 | | 存款 | | | | | 放款 | | 存款 | | | |
	员工职务	职称	法人	个人	定期性	活期性	其他	人数合计	人点数	法人	个人	定期性	活期性	其他	人点数合计
个人金融	收支柜台														
	汇兑代收														
	授信缴息														
	外汇														
	个人授信														
	法律催缴														
法人金融	业务推广														
	法人授信														

(出处:吴安妮,1997 年,由 B 银行的企业改造解析 ABC 在台湾金融业之应用,会计研究月刊,第 144 期,第 27 页。)

此分摊表不仅可作为了解各项费用分摊的基础,同时也可掌握各项费用被分摊到何处,可避免费用被遗漏分摊的情况。

5. 各项作业产能分析表

为有效管理各作业产能,从而促进生产效率,A 分行编制了各项作业的产能分析表,如表 10-16 所示。

---

① 人点数是指每人分摊成本的基础。公司经理与一般专员的成本(薪资)不一样,成本分摊数也不一样。

表 10-16 B 银行的 A 分行各项作业的产能分析表(以临柜作业为例)

项目	可用时间(分)	作业使用时间(分)	产能	成本(元)	单位成本(元/分钟)
正常时间					
加计加班后					

临柜作业	人数	每人每天可用时间	本月可用天数	每月可用时间
平常(周一～周五)				
星期六				
合计				
宽限时间		7.9 人/月	宽限时间	
1. 休假和训练	1 天/月·人			总宽限时间(分)
2. 午餐	30 分钟/日·人			
3. 早会和内训	20 分钟/日·人			
4. 客户关系维护	30 分钟/日·人			
5. 休息	20 分钟/日·人			

(出处:吴安妮,1997 年,由 B 银行的企业改造解析 ABC 在台湾金融业之应用,会计研究月刊,第 144 期,第 26 页。)

表 10-16 为临柜作业的产能分析表,从此表中可了解各项作业在平时和星期六的产能情况,从而作为规划作业的有用信息,如作为何时该减少或何时该增加人力的参考。

6. 顾客别利润贡献分析表

表 10-17 提供顾客别的利润情况,以使分行了解哪些顾客赚钱,哪些顾客亏损。由于 ABCM 可对顾客的各项服务作业所花成本加以翔实、明确地分析和了解,因而才易产生此种信息(传统的成本或管理会计制度是无法产生此种信息的)。

表 10-17 B 银行的 A 分行顾客别利润贡献分析表

利润与成本项目	顾客 A		顾客 B		顾客 C		顾客 D		合计	
	金额	收入占比	金额	收入占比	金额	收入占比	金额	收入占比	金额	收入占比
收入										
产品成本										
顾客服务成本										
顾客利润率										

7. 产品别利润贡献分析表

为有效推广产品和战略性地发展产品,产品别利润的信息相当重要。从表10-18中可清楚地看出 A 分行贷款和存款两种不同产品的相关收入、成本、毛利信息,从而作为未来设计产品和推动产品的参考。表10-19 为信用卡部门的产品别利润分析情况,值得参考。

表 10-18　B 银行的 A 分行产品别利润分析表

一、贷款部分

贷放账号	科子目	目前余额	当月积数	目前百分比	联行往来百分比	贷放利差	利息收入	联行往来利息	损失率	风险成本	毛利

二、存款部分

存单号码	身份证字号	期别	存单金额	联行往来利率	目前利率	存款利差	联行往来利息收入	利息成本	毛利

(出处:吴安妮,1997 年,由 B 银行的企业改造解析 ABC 在台湾金融业之应用,会计研究月刊,第 144期,第 28 页。)

同时,信用卡部门也提供了各渠道的损益分析情况。信用卡的渠道分为:业代推广、电话营销、摆设申请书、传销推广、DM 推广(by 个案)、分行、管理单位、关系企业、办卡处正式员工和其他等途径推广。其计算损益的科目与产品别一样。

表 10-19　B 银行信用卡部门产品利润分析表　　　单位:元

科目	一般卡	莲花卡	百货卡	WOFE	学生卡	英雄卡	职棒卡	商务卡	合计
收入									
商店佣金									
年费									
循环信用息①									
挂失手续费									
逾期手续费									
预借现金手续费									
作业成本									
企划									
推广									
征信									
制卡									
授权									
清算									
寄账单									
付款									
催收									
伪冒									
客服									
附加功能									
广告费									
总处理费									
资金成本									
呆账									
营业税									
本期损益									

（出处:吴安妮,1997 年,由 B 银行的企业改造解析 ABC 在台湾金融业之应用,会计研究月刊,第 144 期,第 29 页。）

8. 品牌别绩效评估分析表

信用卡部门为有效管理当月份的品牌交易情况,因而设立了品牌别的当月绩效评估分析表,另信用卡之品版别分为七类:包括联合信用卡、VISA、VG、MASTER、MG、JCB 及 JCB-G 等。表 10-20 列示品牌别为主的绩效评估分析表。从表10-20中可清楚地看出各种不同信用卡的品牌,当月的每卡损益、注销

① 循环信用息是指上个月未缴信用卡金额会加计利息的部分。

率和延滞率等信息,以此作为信用卡品牌管理的参考。

表 10-20 B 银行的信用卡部门品牌别当月绩效评估表

信用卡品牌别	每卡损益	应收账款报酬率	实动率		注销率		新户率	延滞率	呆账率	金卡率
			额度	消费金额	自愿	非自愿				
1. 联合信用卡										
2. VISA										
3. VG										
4. MASTER										
5. MG										
6. JCB										
7. JCB-G										

（出处:吴安妮,1997 年,由 B 银行的企业改造解析 ABC 在台湾金融业之应用,会计研究月刊,第 144 期,第 30 页。）

第三节 B 银行实施作业基础成本管理后的效益

B 银行于 1996 年 5 月 1 日开始导入 ABCM。此制度的实施使 B 银行改变传统的成本分摊方式,进而分析作业流程,利用作业中心与作业动因将资源追溯至成本标的上,因此得以取得更精确的成本信息,进而利用此等管理信息作出更佳的决策。

一、ABCM 对作业改善的影响

在 ABCM 导入的初期,B 银行将其运用到顾客成本结构分析上,找出对公司营业收入具有高度贡献率的顾客,并加强顾客关系的管理,提高其忠诚度。另外,对于贡献率较低的顾客,则采用交叉销售、收取手续费、优惠诱导等方式,发掘出此部分顾客的潜力。

除了顾客构面分析之外,B 银行也利用 ABCM 进行产品成本与流程成本分析,精确地找出单一产品的成本,同时也厘清服务的成本,去除无附加价值的活动,采用创新的流程,使整体作业的成本显著降低。如图 10-4 所示,在重新调整作业流程之后,B 银行票据交换时间由原本的每张票据花费 0.89 分钟,减少为每张 0.35 分钟,共下降了 60.67%。由此可知,过去的流程中显然具有相当多无附加价值的活动,且侵蚀 B 银行的整体获利水准。

厘清作业时间,提升计价公平性与合理性

问题点:产能利用率明显偏高

重新切割作业,提高计价合理性

时间	负荷度>100%		最高负荷度	
	柜台	CSR	柜台	CSR
2000 /01	32	25	172%	234%
2000 /02	40	26	179%	259%
2000 /03	23	33	183%	314%
2000 /04	10	19	122%	190%

⇩

票据交换提出区分为:

交通时间和单张票据处理作业时间

实施 ABCM 前　0.89 分钟/张

实施 ABCM 后　0.35 分钟/张

下降百分比:60.67%

图 10-4　B 银行实施 ABCM 后作业时间的改善图

自从 B 银行实施 ABCM 之后,B 银行的营业利益即呈现显著增长,如图 10-5 所示。且以 ANOVA 分析之后发现,实施 ABCM 前后二群组的平均营业利益存在显著的差异(达到 1% 统计显著水平)。总之,实施 ABCM 后平均营业利益显著比实施前高。

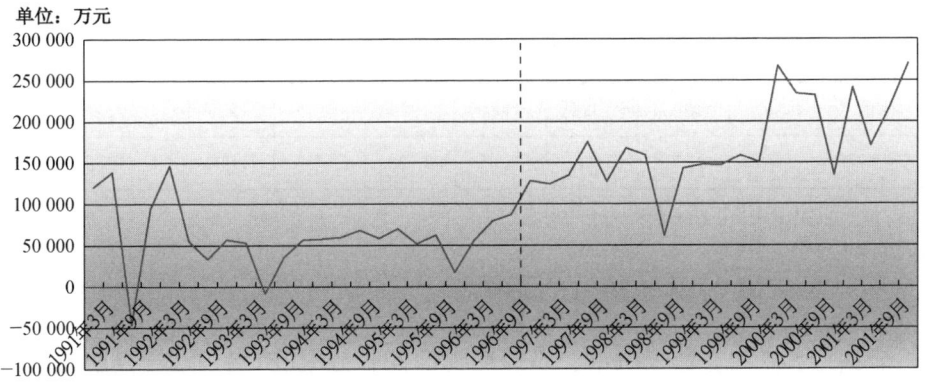

* 图中虚线为开始实施 ABCM 的日期。

图 10-5　B 银行实施 ABCM 前后营业利益成长图

二、ABCM 对员工生产力的影响

除此之外,B 银行也将 ABCM 运用至员工人力成本分析上,以取得更精确的人工成本信息,从而了解哪些是低效率,哪些是高效率的员工。同时,利用 ABCM 所产生的信息进行员工绩效考核与奖酬分配,使各员工的绩效衡量更具公信力与公平性,进而激发出员工的潜力。B 银行在实施 ABCM 之前,员工的生产力有逐年下降趋势;然而,在实施此制度之后,因对员工成本分析有进一步的厘清,得以去除较无生产力的工作后,公司员工整体生产力逐年往上提升,如图 10-6 和表 10-21 所示。

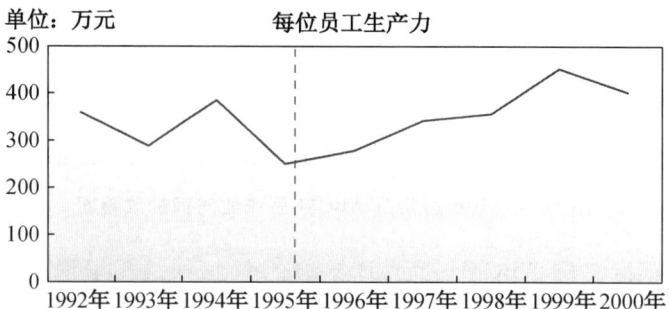

* 图中虚线为开始实施 ABCM 的日期。
* 以营业收入净额÷员工人数来衡量员工的生产力。

图 10-6　B 银行实施 ABCM 前后每位员工生产力的变化图

表 10-21　B 银行实施 ABCM 前后员工生产力趋势表

年度	1992	1993	1994	1995	1996	1997	1998	1999	2000
员工生产力*	3 593	2 885	3 850	2 505	2 783	3 417	3 562	4 514	4 015

* 以营业收入净额÷员工人数来衡量员工的生产力。

三、ABCM 对财务绩效的影响

B 银行各季的净值报酬率(ROE)和常续性利益率(ROS),减除金融业的产业水平,得到高于同业标准的绩效表现。从图 10-7 与图 10-8 可以发现,虽然实施 ABCM 的初期,B 银行的绩效表现与同业并未有显著的差异,但于实施 ABCM 的后期,不论就 ROE 或 ROS 来说,B 银行的财务绩效明显高于同业标准。

相较于同业标准

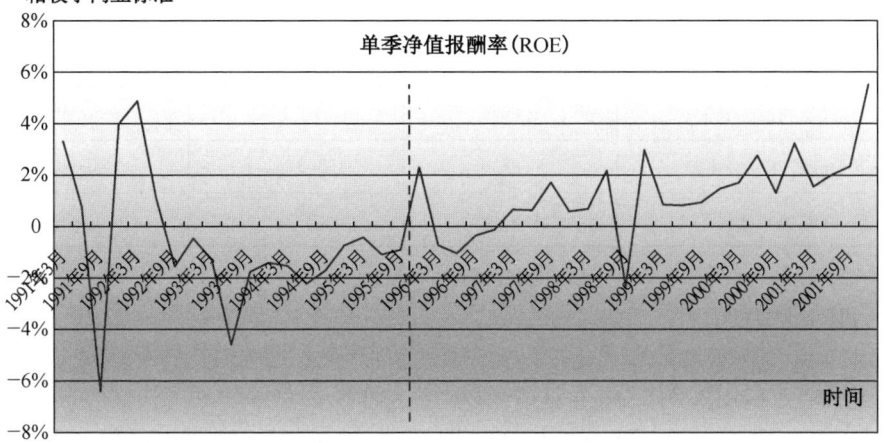

* 图中虚线为开始实施 ABCM 的日期。

图 10-7　B 银行实施 ABCM 前后单季净值报酬率(ROE)变化表

相较于同业标准

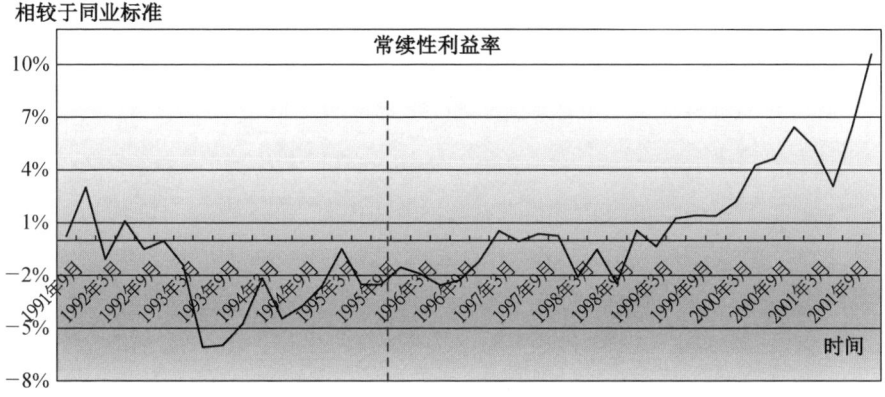

* 图中虚线为开始实施 ABCM 的日期。

图 10-8　B 银行实施 ABCM 前后常续性利益率(ROS)变化表

表 10-22 分析实施 ABCM 前后各项财务绩效指标。从表 10-22 可以得知,B 银行在实施 ABCM 后各项财务绩效指标明显比实施前提高很多。

自从 B 银行实施 ABCM 之后,B 银行的营业利益即呈现显著增长,如图 10-8 所示。且以 ANOVA 分析之后发现,实施 ABCM 前后二群组的平均营业利益存在显著的差异(达到 1% 统计显著水平)。总之,实施 ABCM 后 B 银行平均营业利益显著比实施前高。

表 10-22 B 银行实施 ABCM 前后财务效益的比较分析表

项　目	实施 ABCM 前	实施 ABCM 后	改变
营业利润	588 052	1 633 699	＋1 045 647
营业利益成长率	1.05％	31.74％	＋30.69％
常续性利益率	7.88％	8.87％	＋0.99％
税前净利成长率	4.94％	23％	＋18.06％

四、结语

　　B 银行在实施 ABCM 之后,因公司得以取得更精确的成本信息,进而制定更佳的管理决策。由上述分析可清楚地看出:实施 ABCM 后,B 银行得以改善公司内部的作业流程、强化顾客关系管理和强化产品管理,并提升员工生产力,进而提升公司的整体财务绩效。[①]

---

　　① 　备注:本章的大部分内容,摘录自吴安妮,1997 年,由 B 银行的企业改造解析 ABC 在台湾金融业之应用,会计研究月刊,第 144 期,第 15-31 页。

第十一章

医疗业实施作业基础成本管理时的设计和运用
——以 C 医院为例

    台湾健保制度于 1995 年正式实施,造成政府的医疗开支大幅增加,远超过原先核定保费的上限,从而出现收支不平衡的财务危机,迫使健保局在给付方面开始实施各种节制措施。许多医院为了反映健保给付过低而造成入不敷出的问题,纷纷推出各项新政策与同业竞争。大多数医院为了偿付巨额的投资,并弥补住院和急重症照护利润的不足,大肆扩张利润相对高且较不受硬件限制的门诊,关闭急诊部以节省成本,或提供各种优惠措施以争取更多病人上门看病。在此日趋激烈的竞争环境下,许多医疗院所在几年内纷纷走上关闭之路。

    台湾二代健保于 2013 年 1 月 1 日起实施并开始征收补充保险费。由于卫生政策、全民健保制度和评鉴方式的转变,加上医疗技术日新月异,民众就医热情日益高涨,再加上信息科技进步,医疗产业已经由技术为主的威权模式,转变为以病人为导向的服务模式,引发医界经营模式的重大变革,以达到长期经营的目标。

第一节　C 医院实施作业基础成市管理的背景介绍

    C 医院成立于 1958 年,是全民就医首选医院之一,为国际一流的医学中心,其宗旨是配合医疗政策,提供荣民、荣眷及一般民众优质的医疗服务,目标是为病人提供安全优质医疗,成为国际医疗人才培育与尖端医学研究的卓越中心,并强化管理,以长期经营。C 医院除了在台北设院外,于台中和高雄亦设多间分院。

C 医院实施成本会计二十余年,陆续推动各种绩效制度包括绩效奖金与绩效预算等。

经过持续不断的改革,C 医院的成本会计部分主要仍采用一般传统成本会计作业方式。按医院单位组织与作业特性设立"责任中心",分为"收益中心"与"非收益中心"两类,并将"非收益中心"的成本运用阶梯式成本分摊办法,分摊至使用资源单位,最后均摊至"收益中心"计算损益。经此详细计算可了解各责任中心经营状况,并同时依据成本会计的各项信息结合其他数据进行单项医疗成本分析、管理预算与设备投资评估等。该措施实施以来对协助主管决策与提升医院营运管理有所帮助。

近年来台湾医疗环境大幅变化,对 C 医院营运更造成剧烈影响,兹分别说明如下。

一、就诊者部分

(1) 整体就诊者增加,但荣民比例下降:以台湾人口的自然成长分析,人数增加代表未来医疗服务的增加。近年来境外移入的外籍劳工等,都是可提供医疗服务的对象。C 医院虽然拥有上述条件但其所肩负照顾的荣民(主要为 1949 年左右来台的荣民)病患已陆续凋零,故提供全方位、全民化服务是 C 医院营运的重要方向。

(2) 人口结构老化,慢性病的增多:台湾的人口组成,已是出生减少、平均寿命增加的人口结构。生活水平提高,生活形态转变,环境污染严重,这些已极大地改变了疾病类型。

(3) 就医行为的积极化:由于台湾民众的教育程度、知识水平与所得不断提高,所以全体民众更重视健康,自然提高了对医疗保健行为的积极性,提升了医疗费用,这也是 C 医院病患增加的重要因素之一。

二、外部医疗提供者部分

(1) 新医院的增加:近年来从医疗诊所的增加到大型医院的增建、扩建病床与开办夜间门诊等,大幅提供更多元化的医疗选择,相对对 C 医院产生更大经营压力与冲击。

(2)各医院医疗质量提升:由于消费者意识抬头与"医院评鉴"的规定,医院越来越注意病患满意度与医疗质量,所有医院都朝大型化、新颖化和美观化的方向前进,这也增加了 C 医院与各大型医院的竞争,同时医疗费用与成本也相对增加。

(3)各医院医疗科技的高度发展:由于医疗科技的发达,精密昂贵的医疗仪器日新月异,通过临床试验的新药不断上市。这均会创造更多的预防与治疗的医疗服务环境,但在投入高成本的同时,C 医院更需要能判断经营绩效的技术与能力。

三、全民健保的支付制度

全民健保的支付制度降低了就医的经济门槛,也使医院面临健保局的单一垄断,自主性相对降低,仅就其对 C 医院的影响说明如下:

(1)论量计酬的支付制度:论量计酬的支付制度系根据实际给予病患的服务内容与数量计费,C 医院各医师自会努力工作,但健保局在保费支付膨胀速度过快的情况下,往往会在审核阶段大幅删减医疗给付,幅度甚至超过 10%,造成申报数不等于实收数,产生医院高额提列备抵呆账的状况。

(2)健保给付项目的限制:健保医疗给付内容虽一直扩大,但对新药物或检查验的限制仍旧非常严格,对于医疗保健水平照顾产生反效果。另外,即使健保局陆续调高许多项目支付标准,如门诊诊察费、特殊病房费和手术费等,但还是无法反映真实的医疗成本。

(3)论病例计酬:1998 年健保局实施 22 种门住诊的论病计酬支付制度,1999 年 7 月起增加至 50 多种病例,其主要目的在于限制医疗费用的成长。就 C 医院而言,提高质量与重视成本管控的重要性要高于创造医疗收入。

(4)总额预算制:全民健保于 1997 年 7 月实施牙科总额预算,虽有成效但事实上在 2000 年 7 月时,牙科服务医疗的费用仍有 8% 的增长,整体医疗将陆续实施全民健保,这对于 C 医院将会是非常大的挑战,特别是收入方面。

上述各种因素造成 C 医院面临更激烈的竞争,同时在医院内各单位对于成本分摊合理性也纷纷质疑与挑战,C 医院为应对更复杂的管理,需要建立具有决策性的管理工具,故通过 ABCM 的推动,协助经营决策与管理效益的提升。

第二节　C 医院实施作业基础成本管理的目的

全民健保实施后,如何建立完备的成本会计制度,成为医院经营管理的重要议题。而实施成本管理制度时,应有几个重要原则:

(1) Judith J. Baker 和 Georgia F. Boyd 曾提及:成本会计制度应具成本效益,但对医院所提供的医疗服务质量不可产生负面影响。所以在成本效益及服务质量之间的取舍(trade-off),在施行成本会计制度之初,即应考虑进去。

(2) 会计信息的价值应由控制成本转变为规划成本,进而获取竞争优势,因为短期利益和成本控制已无法满足医院战略性需求。

(3) 考虑组织内部和外部环境,特别是内部环境的协调,结合营运过程与组织个体,以提供适当的会计信息,协助作业流程决策和管理战略制定。

以上内容说明,传统成本会计其实已无法满足管理需求,唯有从整合战略发展的新管理会计制度着手方能应对未来竞争。另外,也开始考虑新成本管理制度的选择。

随着医院经营竞争日趋激烈,传统成本会计所提供的财务信息,不仅无法正确反映费用与效益之间的关系,更容易造成为分摊而分摊的错误印象,对于管理阶层的决策需求,也无从提供非财务性管理信息。美国产业界成功应用其为了解产品生产过程所发展出的 ABCM,使 ABCM 逐渐被推展至服务业,许多美国医院在局部或全面实施 ABCM。例如,美国谷景医院(Valley View Hospital)在其开刀房应用 ABCM,由此做出的管理报表更成功地在四方面影响管理决策:①绩效衡量与评估;②战略规划;③照护契约的协商;④照护契约管理。而北川医院体系(North River Hospital System)在其医疗体系全面实施 ABCM (Judith J. Baker,1997),也同样展现其对管理的益处。C 医院收入虽有增长,但成本亦不断升高,如何由成本面规划全院资源,应是实施 ABCM 突破成本会计困境的重要目的。

C 医院初期规划实施 ABCM 除上述说明外,最主要的目的如下:

（1）ABCM 与临床路径结合，能更清楚地反映医学作业，并融入数据信息。

（2）ABCM 与工作流程结合，区分附加价值与无附加价值的活动，并由此评估流程改造的财务效益与质量管理。

（3）应用 ABCM 调整人员作业分配，创造每位员工最高价值。

（4）经由 ABCM 重新拟定绩效奖金分配的参考数据，为后面的绩效奖金发放找寻更多有价值的途径。

（5）ABCM 与质量相结合，提高医疗服务的质量，降低各类潜在风险。

（6）ABCM 与医疗作业相结合研发可创造更高价值的医疗服务。

（7）ABCM 与病患疾病别相结合，找出耗用资源与成本效益之间的关系。

（8）ABCM 与病患疾病别相结合，找出使用资源的关键影响因素，并提出改善方案。

（9）ABCM 与复杂病患疾病别相结合，找出其消耗资源的关键因素，并设定完整性的标准数据。

（10）ABCM 与医疗工作人员相结合，计算各类人员工作绩效与质量。

（11）ABCM 与收费制度相结合，提供健保及自费项目真实成本并提高单位的竞争力。

（12）提供主管决策参考依据。

（13）设置医院成本管理基础信息。

（14）精确计算重要作业项目成本。

（15）改善流程，控制成本与产能。

（16）检查作业流程，提高效率，减少无附加价值作业。

（17）加强质量与时间的管理。

第三节　C医院实施作业基础成市管理的情况

C 医院推行 ABCM 主要由该院会计室主导，参与人员包括室主任、组长、编译与稽核等，并与作业单位主任、护理长等主管配合，实施过程中聘请笔者参与指导与协助推动。

C 医院于 1999 年 10 月 1 日起开始推行 ABCM，首先由眼科部门开始实施。由于该部门主任、医师和其他医疗护理人员的配合与支持,该部门在很短的时间内设置完成 ABCM,且 ABCM 所提供的各项作业信息和成本信息已经被该部门人员所使用,除了帮助管理者决策,更改变了组织成员日常工作的行为,为组织创造优异的绩效表现。

有关 C 医院实施 ABCM 的步骤如图 11-1 所示,笔者以 C 医院的眼科部门作为实施对象,兹简要地叙述其相关的实施步骤。

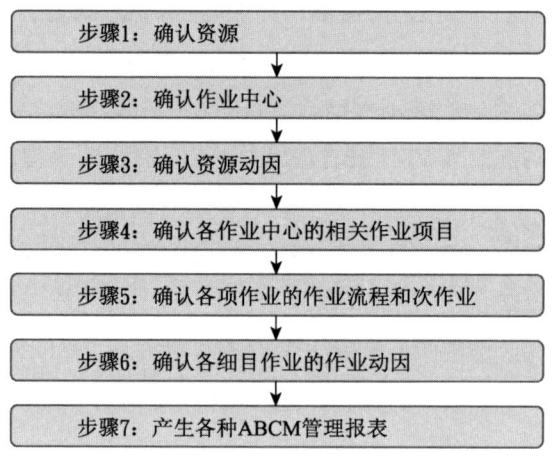

图 11-1 C 医院实施 ABCM 的步骤图

一、步骤 1:确认资源

资源是指为维持目前营运状况、赚取利润所支出的各项费用。步骤 1 为确认 C 医院眼科部门的资源,如表 11-1 所示。

表 11-1 C 医院眼科部门各项资源表 　　　　　　单位:万元

资源科目	医师	护理	技术	手术	眼科检查验设备	眼科支援
薪工和补助						
福利费						
药品费						
材料费						
训练费						
旅运费——交通						

（续表）

资源科目	医师	护理	技术	手术	眼科检查验设备	眼科支援
旅运费——运费						
税捐						
折旧费——机械设备						
折旧费——交通和运输设备						

从表 11-1 可以看出，C 医院眼科部门的部分资源包括薪工和补助、福利费、药品费、材料费、训练费、旅运费——交通、旅运费——运费、税捐、折旧费——机械设备和折旧费——交通和运输设备等。先将所有资源分类，并以会计科目金额为依据，再配合作业中心与作业的设计进行重分类。

二、步骤 2：确认作业中心

依据眼科特性与需要设立作业中心和次作业中心。深灰色部分为作业中心，淡灰色部分为次作业中心的各作业中心汇总表，如图 11-2 所示。

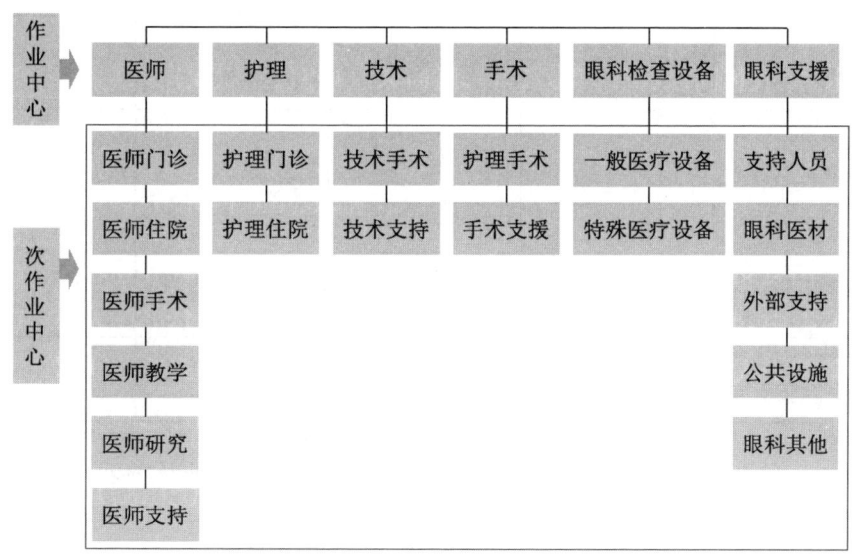

图 11-2　C 医院作业中心及次作业中心汇总图

从图 11-2 中可以看出，作业中心包括医师、护理、技术、手术、眼科检查验设备和眼科支援。而次作业中心，若以医师为例，包括医师门诊、医师住院、医师手术、医师教学、医师研究和医师支持等次作业中心。

三、步骤 3：确认资源动因

资源动因则是资源被各作业中心消耗的原因。C 医院眼科的部分资源动因，如表 11-2 所示。

表 11-2　C 医院资源动因表(部分)

资源科目 ＼ 作业中心	医师	护理	手术	眼科检查验设备
薪工和补助	工作时间	工作时间	手术时数或手术房间数	××××
福利费	工作时间	工作时间	手术时数或手术房间数	××××
药品费	××××	××××	××××	××××
材料费	××××	××××	××××	××××
训练费	××××	××××	××××	××××
旅运费——交通费	工作时间	工作时间	手术时数或手术房间数	××××
旅运费——运费	××××	××××	××××	××××
税捐	××××	××××	××××	××××
折旧费——机械设备	××××	××××	××××	床日数、手术房间数
折旧费——交通和运输设备	××××	××××	××××	床日数、手术房间数

从表 11-2 中可以看出，薪工和补助的资源动因，在医师及护理作业中心为"工作时间"，在手术作业中心为"手术时数或手术房间数"。

四、步骤 4：确认各作业中心的相关作业项目

经由作业程序，划分每一项重要的作业活动项目。以医师和护理为例的作业中心的相关作业，如表 11-3 所示。

表 11-3　C 医院作业中心相关作业表（以医师和护理为例）

作业中心	次作业中心	作业名称
医师	医师手术	白内障 1A 手术
		视网膜 2A 手术
		视网膜 2B 手术
		玻璃体 3A 手术
		青光眼 4A 手术
		三合一 5A 手术
护理	护理住院	入院护理
		生命迹象测量
		护士巡房交班
		铺床

从表 11-3 中可以看出，作业中心为医师，次作业中心为医师手术，相关作业名称包括白内障 1A 手术、视网膜 2A 手术、视网膜 2B 手术、玻璃体 3A 手术、青光眼 4A 手术和三合一 5A 手术等。

五、步骤 5：确认各项作业的作业流程和次作业

本步骤主要为编写详细作业流程的说明，设定各细目作业，经实际计算，眼科部门共约 450 项作业。笔者以 C 医院眼科病患入院为例的作业流程，如表 11-4 所示。

表 11-4　C 医院作业中心的相关作业表（以病患入院为例）

病患入院基本医疗工作	
作业流程	作业
入院	入院护理、三餐供应、转床护理
医师住院诊察	探诊、检诊、每日查房
病历记录	入院记录、手术记录、住院记录、出院记录
常规护理	测量 TPRBP、ONE TOUCH、睡前护理、巡房、晨间护理、眼部护理、核查病历

从表 11-4 中可以看出，病患入院的作业流程包括入院护理、三餐供应和转床护理等作业。而医师住院诊察的作业流程包括探诊、检诊及每日查房等作业。

六、步骤6：确认各细目作业的作业动因

确认每一作业的作业动因,建立分摊率或合理分摊方式。作业动因系引发作业成本变动的因素,管理人员可从作业动因了解作业成本发生的习性,找到成本改善的机会点。以C医院眼科病患入院为例的作业中心的作业动因,如表11-5所示。

表11-5 C医院作业中心的作业动因表(以病患入院为例)

作业流程	作业	作业动因
入院	入院护理、三餐供应、转床护理	次数或转换笔数
医师住院诊察	探诊、检诊、每日查房	看诊次数
病历记录	入院记录、手术记录、住院记录、出院记录	记录次数
常规护理	测量 TPRBP、ONE TOUCH、睡前护理、巡房、晨间护理、眼部护理、核查病历	次数、时间

从表11-5中可以看出,入院的作业流程包括入院护理、三餐供应和转床护理等作业,其作业动因为"次数或转换笔数"。而医师住院诊察的作业流程包括探诊、检诊和每日查房等作业,其作业动因为"看诊次数"。

七、步骤7：产生各种 ABCM 管理报表

ABCM 的实施主要目的为产生正确的管理信息,作为公司决策的依据。本步骤产生公司作决策所需的各式管理报表信息,笔者简要地说明部分管理报表如下。

(一) 医疗服务项目面

ABCM 可以产出各项医疗服务项目净利率表、ABCM 标准作业成本与健保给付金额对照表和眼科医疗资源运用分析表,分别如表 11-6 至表 11-8 所示。

表11-6 C医院医疗服务项目净利率表

项次	医疗服务项目	服务收入	服务成本	净利	净利率
1	AA	×××	×××	×××	××%
2	BB	×××	×××	×××	××%
3	CC	×××	×××	×××	××%

（续表）

项次	医疗服务项目	服务收入	服务成本	净利	净利率
4	DD	×××	×××	×××	××%
5	EE	×××	×××	×××	××%
6	FF	×××	×××	×××	××%
7	GG	×××	×××	×××	××%
8	HH	×××	×××	×××	××%
9	II	×××	×××	×××	××%
10	JJ	×××	×××	×××	××%
11	KK	×××	×××	×××	××%
12	LL	×××	×××	×××	××%
13	MM	×××	×××	×××	××%
14	NN	×××	×××	×××	××%
15	OO	×××	×××	×××	××%
16	PP	×××	×××	×××	××%
17	QQ	×××	×××	×××	××%
18	RR	×××	×××	×××	××%
19	SS	×××	×××	×××	××%
20	TT	×××	×××	×××	××%

表 11-7　C 医院 ABCM 标准作业成本与健保给付金额对照表

（以眼科的白内障手术为例）

作业中心	ABCM 标准成本	健保给付额
医师		
护理		
技术		
手术		
眼科检查验设备		
眼科支援		
总计		

表 11-8　C 医院医疗资源运用分析表（以眼科为例）

项目	门诊（人次）	住院（人次）	教学（授课次数）	研究（计划数）	合计
工作量					
眼科收入(A)					
眼科创造他科收入(B)					
总收入(C)＝(A)＋(B)					
医师					
护理					
技术					
手术					
设备					
支持(眼科内部)					
支持(其他科)					
投入资源(D)					
损益(E)＝(C)－(D)					

（二）病患面

ABCM 可以产出每位病患的净利率表，如表 11-9 所示。

表 11-9　C 医院病患净利率表

项次	病患编号	服务收入	服务成本	净利	净利率
1	AA	×××	×××	×××	××％
2	BB	×××	×××	×××	××％
3	CC	×××	×××	×××	××％
4	DD	×××	×××	×××	××％
5	EE	×××	×××	×××	××％
6	GG	×××	×××	×××	××％
7	XX	×××	×××	×××	××％
8	HH	×××	×××	×××	××％

项次	病患编号	服务收入	服务成本	净利	净利率
9	TT	×××	×××	×××	××%
10	SS	×××	×××	×××	××%
11	YY	×××	×××	×××	××%
12	TY	×××	×××	×××	××%
13	DA	×××	×××	×××	××%
14	AZ	×××	×××	×××	××%
15	SD	×××	×××	×××	××%
16	TR	×××	×××	×××	××%
17	BA	×××	×××	×××	××%
18	MN	×××	×××	×××	××%
19	MX	×××	×××	×××	××%
20	TS	×××	×××	×××	××%

（三）作业中心面

ABCM 可以产出各作业中心的净利率表，如表 11-10 所示。

表 11-10　C 医院作业中心净利率表

项次	作业中心编号	服务收入	服务成本	净利	净利率
1	001	×××	×××	×××	××%
2	002	×××	×××	×××	××%
3	003	×××	×××	×××	××%
4	004	×××	×××	×××	××%
5	005	×××	×××	×××	××%
6	006	×××	×××	×××	××%
7	007	×××	×××	×××	××%
8	008	×××	×××	×××	××%
9	009	×××	×××	×××	××%
10	010	×××	×××	×××	××%

项次	病患编号	服务收入	服务成本	净利	净利率
11	011	×××	×××	×××	××%
12	012	×××	×××	×××	××%
13	013	×××	×××	×××	××%
14	014	×××	×××	×××	××%
15	015	×××	×××	×××	××%
16	016	×××	×××	×××	××%
17	017	×××	×××	×××	××%
18	018	×××	×××	×××	××%
19	019	×××	×××	×××	××%
20	020	×××	×××	×××	××%

（四）医疗作业面

ABCM 可以产出检查验流程效率改善分析表、技术重要检查验分析表和重要设备使用分析表，分别如表 11-11 至表 11-13 所示。

表 11-11　C 医院检查验流程效率改善分析表（以眼科为例）

医疗服务项目作业分析			
次作业中心	作业	标准成本	实际成本
技术检查验	动态视野检查		
眼科医材	眼科药品——门诊		
一般医疗设备	视野计——动态视野检查		
眼科公共设施	门诊面积		
眼科公共设施	眼科部门面积——门诊		
眼科公共设施	眼科部门水电——门诊		
眼科其他支持	其他支持单位——门诊		
眼科其他支持	其他支持单位——眼科部门		
眼科公共设施	分摊公共设施——眼科部门		

医疗服务项目作业分析

次作业中心	作业	标准成本	实际成本
眼科公共设施	分摊公共设施——门诊		
眼科公共设施	分摊公共设施——眼科部门		
眼科其他	设备房屋修护——门诊		
眼科其他	业务费用——眼科门诊		
成本合计			
健保/病患自付收			
边际贡献（损失）			
盈亏平衡点收入			
总利益			

表 11-12　C 医院技术重要检查验分析表（以眼科为例）

分类	作业	检验次数	投入时间	投入成本	收费金额
验光、超音波	计算机验光				
	睫状肌麻痹验光				
	气压式眼压测定				
	立体感视觉检查				
	四灯融像检查				
	角膜曲度测定				
	彩色角膜曲度摄影				
	超音波 A 扫描				
	超音波 B 扫描				
	超音波 DBR				
	角膜厚度				
	角膜内皮细胞检查				
	合计				
视野检查	动态视野检查				
	自动视野检查				
	合计				

（续表）

分类	作业	检验次数	投入时间	投入成本	收费金额
眼底摄影	眼底彩色摄影				
	荧光眼底血管摄影				
	外眼部摄影检查				
	合计				
其他	网膜电图检查				
	眼电图检查				
	眼激发电位图检查				
	合计				

表 11-13　C 医院重要设备使用分析表（以眼科为例）

设备名称	台数	总购买价格	收费的服务项目和金额		设备实质可操作的产能	设备实际操作时间	每一服务项目的设备标准成本	每一服务项目的设备实际成本
			收费项目	收费金额				
眼底照相机			眼底彩色摄影					
			荧光眼底血管					
眼球内压计			气压式眼压测量					
视野计			动态视野检查					
			自动视野检查					
角膜检查仪			角膜内皮细胞					
			角膜厚度					
受体计算机分析仪			彩色角膜曲度摄影					

（五）　医疗人员面

ABCM 可以产出医疗人员产能利用率表和医疗人员利润贡献分析表,分别如表 11-14 和表 11-15 所示。

表 11-14　C 医院医疗人员产能利用率表

项次	科别	医疗人员产能利用率
1	A 科	××%
2	B 科	××%
3	C 科	××%
4	D 科	××%
5	E 科	××%
6	F 科	××%
7	G 科	××%
8	H 科	××%
9	I 科	××%

表 11-15　C 医院医疗人员利润贡献分析表

项次	医疗人员姓名	服务收入	作业成本	利润贡献
1	AA	×××	×××	×××
2	BB	×××	×××	×××
3	CC	×××	×××	×××
4	DD	×××	×××	×××
5	EE	×××	×××	×××
6	FF	×××	×××	×××
7	GG	×××	×××	×××
8	HH	×××	×××	×××
9	JJ	×××	×××	×××

第四节　C 医院实施作业基础成本
管理后的效益

　　C 医院眼科部在 ABCM 导入后明显地使组织内人员的行为产生改变,如眼科医师减少用于住院病患身上的资源,并增加对门诊病患的医疗程序,平均而言对所有病患使用的医疗程序显著减少。这改变的现象并非只是昙花一现,而是医院内部长期发展的趋势。此外,医院资源的使用效率因 ABCM 的导入而显著提升。整体而言,门诊病患的等待时间减少了,且医疗资源较以往更集中于重症患者。实施 ABCM 之后,病患的看诊时间与该病患的病情严重程度较具有相关性,相较于以往,医疗人员更重视伤员的病情,依照不同的病情给予不同的照护。这在今日人们普遍所诟病的"医疗质量"、医疗纠纷日盛的情况下,实在是一项具有正面意义的效益。

总体而言,ABCM 对 C 医院眼科部门造成最大的影响,是更具效率地使用其资源。ABCM 的导入,不仅只是为了更精确地计算成本信息,而且更重要的效益在于能帮助管理者日常的决策所需,并且导引组织内各部门人员改变行为,此项效益在实施中得到了相当有力的印证与支持。

兹简要地说明 C 医院实施 ABCM 后的效益如下。

一、住院病患

对医疗机构而言,其病床相当于制造业用于生产的机器、厂房与设备,当医院的病床占床率过低时,往往会形成医疗资源闲置与浪费的现象,这也是为什么在医院管理的领域中那么重视医院病床占床率这个指标的原因。对眼科病房而言,实施 ABCM 之后所造成最大的影响,是促使其病房的占床率大幅提升,产能利用更具有效率。如图 11-3 所示,自实施 ABCM 以来其病房使用的床日数即大幅增加,并且维持在相当高的水平。

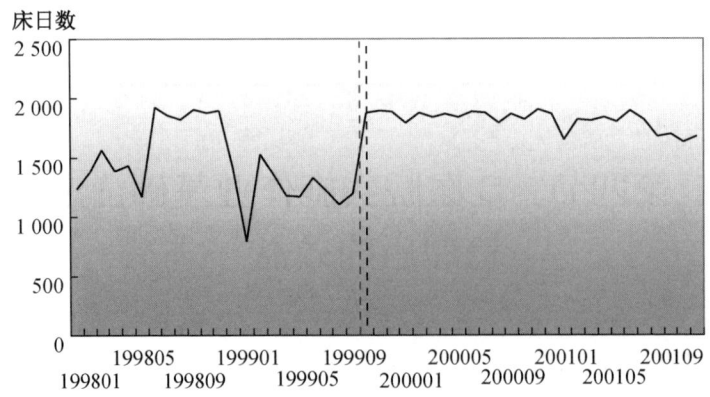

* 虚线表示实施 ABCM 的日期。

图 11-3 C 医院实施 ABCM 前后眼科病房的床日数变化图

另外，由于病房的占床率大幅提升，每单位床日数所消耗的资源随之减少，如图11-4所示。这意味着C医院眼科病房能以较有效率的方式提供其医疗服务，一方面能减少医疗资源的浪费，另一方面则能为医疗机构带来较高的利润。

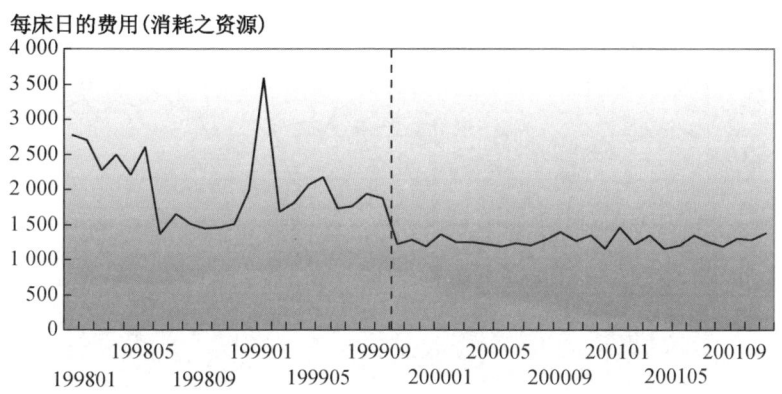

每床日的费用(消耗之资源)

* 虚线表示实施ABCM的日期。

图11-4 C医院实施ABCM前后每床日的费用变化图

从表11-16可以明显地看出，C医院实施ABCM后的平均使用床日数较实施前增加了430.54床日，相对地其每单位床日所消耗的费用减少了856.93元，这是ABCM对眼科门诊所带来的最重要的改变。

表11-16 C医院实施ABCM后对住院病房的影响表

项目	实施ABCM前	实施ABCM后	改变
平均使用床日数	1 388.90	1 819.44	增加430.54
平均每床日数的费用	2 124.97	1 268.04	减少856.93

二、门诊病患

ABCM的推行除了使眼科病房达到较高的占床率和较低的单位费用外，其对门诊部门也产生正面的影响。对门诊部门来说，ABCM的导入使医疗人员能计算出每一医疗程序所产生的成本，配合既有的收益信息，将引导医疗人员选择采取具有同样医疗效果,但能为该医疗单位带来较多利润的疗程。图11-5至图 11-7 分别表示在 ABCM 实施后每看诊人次的平均收入、费用和利润的变化,由趋势图可约略看出在 ABCM 推行之后收入呈现微幅上扬、成本下降,相对地利润也呈现上扬的趋势。

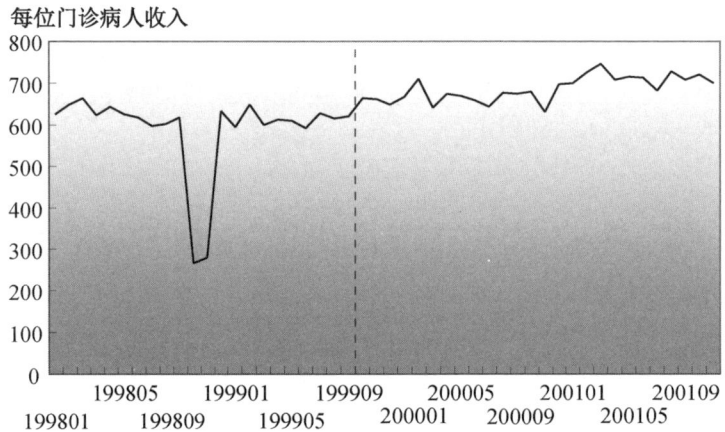

* 虚线表示实施 ABCM 的日期。

图 11-5　C 医院实施 ABCM 前后每位门诊病人收入变化图

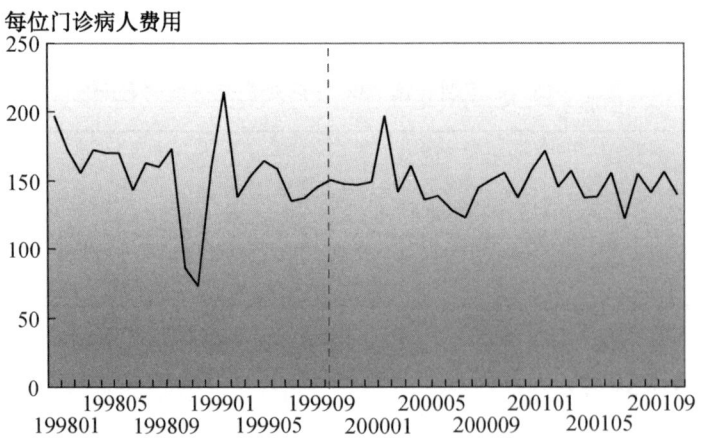

* 虚线表示实施 ABCM 的日期。

图 11-6　C 医院实施 ABCM 前后每位门诊病人费用变化图

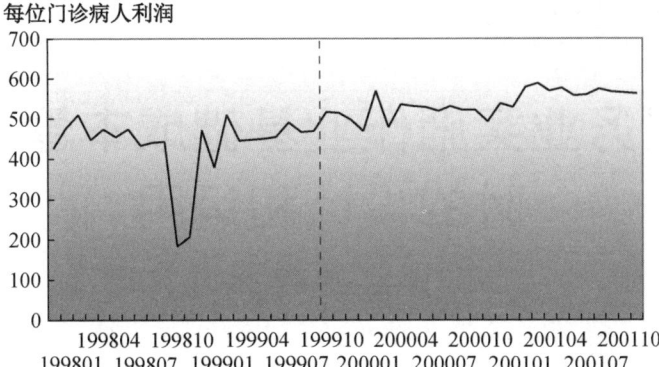

每位门诊病人利润

* 虚线表示实施 ABCM 的日期。

图 11-7　C 医院实施 ABCM 前后每位门诊病人利润变化图

表 11-17 汇总 C 医院实施 ABCM 前后眼科门诊的平均收入、费用和利润的差异,每位门诊病人的利润由实施前的 433.3 增加到实施后的 536.04,实为相当可观的改变。

表 11-17　C 医院实施 ABCM 后对眼科收入、费用和利润的影响表

项目	实施 ABCM 前	实施 ABCM 后	改变
每位门诊病人收入	587.68	683.55	增加 95.87
每位门诊病人费用	154.38	147.51	减少 6.87
每位门诊病人利润	433.30	536.04	增加 102.74

三、结语

综合上述论点,笔者发现 C 医院眼科部门导入 ABCM 后就持续地在组织内部散发影响力,不但提供管理者决策所需的信息,更逐渐改变医护人员日常的工作和行为,使组织朝向更有效率、更有利润的运作方式前进。就眼科部门的眼科病房而言,ABCM 促使医护人员更有效率地运用其病房资源、提高产能利用率,因而降低成本;就眼科部门的门诊而言,ABCM 促使医护人员从事更具有附加价值的医疗服务,因而提高该部门的利润。这些都是 ABCM 为 C 医院眼科部门所带来的具体效益。日后,随着 ABCM 逐步推行至医院的各部门,相信必定能发挥更大的影响力。

第十二章

服务业实施作业基础成本管理时的设计和运用

——以会计师事务所为例

本章主要以探究性且尝试性来探讨如何有效地将 ABCM 运用到会计师事务所。为探讨此主题,本章针对台湾三家大型会计师事务所进行个案研究,以个案研究所得的组织特性、业务特性、成本项目和管理重点等数据为基础,以尝试性方式来探讨会计师事务所应如何实行 ABCM,其中包括作业和成本动因的确立,无附加价值活动和时间确认,绩效评估分析的建立和将质量成本信息纳入 ABCM 之中等重要主题。

第一节 个案公司的介绍——以三家大型会计师事务所为例

本节主要了解三家大型会计师事务所的组织特性、业务特性、成本项目和管理重点,从而作为研究的重要基本信息。

一、组织特性

本研究对象为三家大型会计师事务所(三样本公司),暂且称为 A 公司、B

公司和 C 公司,皆为台湾知名的大型会计师事务所,规模相当。有关其组织部门的特性如表 12-1 所示。

表 12-1　三家样本公司的组织部门比较表

公司别	会计审计服务	税务投资	行政	管理信息	业务发展	人力资源	管理服务	研发训练	日本客户服务部	国际与工商投资	分所
A	✓	✓	✓		✓	✓	✓				✓
B	✓	✓	✓	✓	✓	✓	✓				✓
C	✓	✓	✓			✓	✓	✓	✓	✓	✓

[出处:吴安妮,1992 年,服务业之作业制管理制度——以会计师事务所为例(下),会计研究月刊,第 82 期,第 59 页。]

从表 12-1 可知,A、B 两公司的组织部门较相似,C 公司有别于其他两家公司,除了一般管理部门外,另规划有三个部门,研究训练、日本客户服务和国际与工商投资等部门。C 公司的业务发展是分散至各部门分别处理,所以无业务发展的部门。除此之外,会计审计服务、税务投资、行政、人力资源、管理服务和各分所皆为三家公司的共同点。

二、业务特性

笔者以三家公司相同的部门说明其业务特性,总括而言,三家公司皆执行下列业务:

(1) 会计审计服务:包括查核签证财务报表和所得税结算申报书,并提出专业意见;内部控制制度的评估,协助编制和整理财务信息等业务。

(2) 税务投资:包括规划和协助办理公司股票的公开发行和上市,税法、投资法令的解释和咨询服务,税务查核和国内外租税规划,配合法令规定与协助客户进行租税规划,税捐减免和行政救济等业务。

(3) 行政:包括人事、会计、文字处理和总务等工作。

(4) 人力资源:包括规划人力资源的需求、控制、招募和配置等工作。

(5) 管理服务:包括管理服务案件的规划、管理服务业的专业水平维持和发展等。

至于有关业务的执行细节因非本节重点,不在此赘述。

三、费用项目

三家样本公司所发生的费用项目与其耗用的资源间关系,如表 12-2 所示。

表 12-2　三家样本公司的资源耗用与费用间的关系表

资源耗用	费用项目
人员	人事费
设备	租金
用品	文具费
设备	利息
人员	训练费
技术	研究发展费
技术	业务开拓费
人员	交通费
设备	保险费
设备	折旧
信息	计算机维修费
信息	电话费
能源	水电费

[出处:吴安妮,1992 年,服务业之作业制管理制度——以会计师事务所为例(下),会计研究月刊,第 82 期,第 60 页。]

从表 12-2 可知,人事费和交通费与人员资源有关,租金、利息、保险费和折旧与设备资源有关,文具费与用品资源有关,研究发展费和业务开拓费与技术资源有关,计算机维修费和电话费与信息资源有关,而水电费则与能源有关。

四、管理重点

三家样本公司皆以时间表来管理专业人员的工作,即"时间管理",这在会计师事务所为一项重要的员工管理工具。同时,三家样本公司皆有不可向顾客收费的时间项目(non-chargable time),以了解员工的工作时间分配情况。表

12-3 为三家样本公司不可向顾客收费的项目表。

表 12-3 三家样本公司不可向顾客收费的项目表

公司名称	不可向顾客收费的项目	
A 公司	1. 员工训练 2. 业务发展 3. 办公室督导(管理人员) 4. 其他专业:如新合伙人会议、公益活动、人事训练(自修)、无工作	5. 办公室服务 6. 其他:如病假、其他假期、所内庆祝活动等
B 公司	1. 行政管理 2. 专业训练 3. 业务开发 4. 研究发展支持	5. 固定假日 6. 公假、病假、休假等 7. 其他(无事可做)
C 公司	1. 年假 2. 婚假 3. 丧假 4. 病假 5. 特别假	6. CPA 长假 7. 产假 8. 空闲时间 9. 新顾客开发

［出处:吴安妮,1992 年,服务业之作业制管理制度——以会计师事务所为例(下),会计研究月刊,第 82 期,第 60 页。］

从表 12-3 可知,三家公司皆将各种假期(包括病假、丧假和年假等)、业务发展(新顾客开发)、无工作(或空闲时间等)项目列入不可向顾客收费的项目。又 A、B 两家公司将员工训练或行政管理等列入不可向顾客收费的项目。

第二节 三家公司实施作业基础成本管理的步骤

为有效控制账单的开立期限,三家公司皆对未开立的账单(unbilled accounts)列为在制品存货处理。由在制品存货中,即可了解账单开立的快慢情况,从而评价收账的效率和效果。

本节仅作探索性及观念性的研究和介绍,故未作深入性的执行探讨,因而相关内容尽量求其简明扼要,而非巨细靡遗。

一、确立作业和作业动因

确立作业和成本动因的主要目的在于提供正确的成本信息。为了解作业动因的确立方式,首先介绍由 Rotch 所提供对服务业的作业与战略相结合的情况,如图 12-1 所示。

← 营运 →		← 战略 →	
成本	作业	产出	顾客
人	机器运转	旅客里程数(对铁路业言)	谁的愿望被达成
设备	机器起动	放款数(对银行业言)	谁获得较多或较少
用品	材料移动	电话通数(对电信业言)	的产出特性的价值
沟通和计算	产品设计	电视娱乐(对电视业言)	
	产品运送		
	产品促销		
	信息处理		

图 12-1　服务业的作业与战略结合图

[出处:吴安妮,1992 年,服务业之作业制管理制度——以会计师事务所为例(下),会计研究月刊,第 82 期,第 61 页。]

Rotch 将服务业(铁路业、银行业、电信业和电视业)的作业、战略的关系进行了说明,其中作业属营运活动,战略则以顾客为导向。

就会计师业务而言,其作业(以三家样本公司相同的业务为分析基准)以会计审计服务、税务投资、行政、人力资源和管理服务业务等五方面为主,而其所耗资源如表 11-2 所示。至于产出则为审计报告、签证报告和税务咨询成果报告等。现将会计师事务所的资源耗用、作业、作业动因和产出间的部分关系列示如图 12-2 所示。

从图 12-2 中可知,作业、作业动因与产出之间具有相当的关联性,为有效控制成本,必须控制各项"作业",而非"成本"本身。例如,为有效控制财务报告的审计成本须从控制审计小时数着手,方属合理,方能有效地控制审计成本。图 12-2 仅就部分项目加以分析,希望能引起会计师界的注意,并作为分析其他项目时的参考。

再者,作业动因为成本发生的主要原因。例如,会计部门对财务报表产出所花费的成本,宜以财务报表数目或报表准备人员所耗用小时数为作业动因,才具有直接的关系存在,从而能提供较正确的成本信息。

资源耗用——→	作业——→	作业动因——→	产出
人员	财务报告审计	审计件数或小时数	审计报告
设备用品	税务签证	签证件数或小时数	签证报告
能源	项目审计工作	项目件数或小时数	审计报告
技术信息	公开发行、上市及上柜的咨询	咨询件数或小时数	审计报告
	内部控制制度评估	评估件数或小时数	评估成果报告
	税务规划	规划件数或小时数	税务规划成果报告
	税务咨询	咨询件数或小时数	税务咨询成果报告
	新进人员考核	新进人员数	考核成果报告
	发放薪水	员工人数	薪水支出报告
	应收账款	发票数或顾客数	收款报告或收款
	应付账款	发票数或供货商数	付款或付款报告
	发票签发	发票数	发票送达或发票报告
	财务报表准备	报表数或小时数	财务报表
	报告打字	打字页次或报告数或小时数	打完字的报告

图 12-2　三家样本公司资源耗用、作业、本动因及产出间的关系图

[出处:吴安妮,1992 年,服务业之作业制管理制度——以会计师事务所为例(下),会计研究月刊,第 82 期,第 61 页。]

二、确认无附加价值的活动或时间

确认无附加价值活动的目的,在于提供作业改进的参考,以减少浪费的情况。一般而言,无附加价值的活动大部分为等待时间、存置、检查、移动和旅行时间等所产生的。就会计师事务所而言,可从可向顾客收费和不可向顾客收费的时间两方面加以分析,以确认是否有无附加价值的活动或时间产生。现以表 12-4 说明三家样本公司可能产生的无附加价值的活动或时间。

表 12-4　三家样本公司无附加价值的活动或时间表

无附加价值时间性质	无附加价值活动性质
1. 等待时间	专业人员闲置,或自修活动(因无事可做而产生的)
2. 存置时间	在制品(已完成而未开立的账单)
3. 复核时间	案件经过层层检查或查阅所浪费的活动
4. 移动时间	案件从一单位移至另一单位所浪费的活动
5. 出差时间	上班时间查账人员到顾客公司因出差引起的时间的浪费

[出处:吴安妮,1992 年,服务业之作业制管理制度——以会计师事务所为例(下),会计研究月刊,第 82 期,第 62 页。]

从表 12-4 中可以看出,会计师事务所可能产生无附加价值的时间包括等待、存

置、检查、移动和出差等(表 12-4 仅举例性地归类和说明,并不具周延性和详尽性)。

为提升会计师事务所的生产力,可从降低等待、存置、复核、移动和出差的时间或活动(皆属无附加价值性)着手。例如,会计师事务所可认真规划并善用专业人员闲置自修的时间,并应强化收账的时间和效率,同时简化案件复核的制度、程序和作业,避免重复复核或不需要复核的现象。

此外,还可以简化案件移动的流程,并有效控制时间,避免时间浪费,同时,也应注意出差时间的有效规划和安排。

不仅无附加价值的活动和时间的确认非常重要,甚至附加价值的活动和时间(如会计审核服务时间和活动、税务服务时间和活动),皆应力求简单化及效率化,并秉持持续性改进的精神,从而提升长期生产力,获取长期的竞争优势。

三、绩效评估的分析与建立

会计师事务所的 ABCM 须考虑绩效评估的分析,笔者认为其中质量、时间、成本和附加价值(无浪费)等皆为绩效评估的考虑项目。而与质量、时间、成本、附加价值有关的所有作业活动和内容皆须纳入 ABCM 之中。有关影响质量、时间、成本或附加价值的活动,现以表 12-5 的简单例子加以说明。

表 12-5　三家样本公司影响质量、时间、成本、附加价值的活动表

活动		质量、时间、成本或附加价值
训练活动	⟶	质量、时间
研究发展活动	⟶	质量、时间
查核活动	⟶	质量、时间、成本
签证活动	⟶	质量、时间、成本
咨询活动	⟶	质量、时间、成本
复核活动	⟶	质量、时间、成本、附加价值

[出处:吴安妮,1992 年,服务业之作业制管理制度——以会计师事务所为例(下),会计研究月刊,第 82 期,第 63 页。]

从表 12-5 中可知,训练和研究发展活动属质量成本的预防成本,因而其质量和时间面常作为绩效评估的重点,而查核、签证和咨询活动的绩效评估重点为质量、时间、成本面三因素,至于复核活动的绩效评估重点为质量、时间、成本、附加价值面(有无浪费情况)等。又会计师事务所在 ABCM 下的绩效评估的分析和建立,必须审慎考虑公司目标,内外环境变动的情况,才能设立完善且

有效合理的绩效评估制度。

四、作业基础成本管理制度与质量成本间关系的建立

质量成本主要分为四个项目,包括预防成本、鉴定成本、内部失败成本和外部失败成本,其关系如图 12-3 所示。

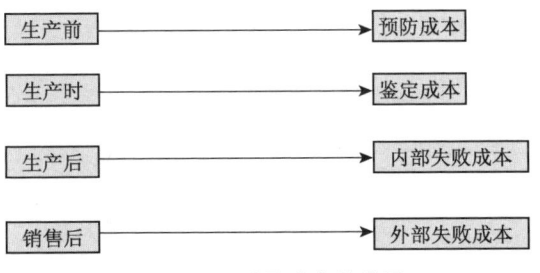

图 12-3　质量成本种类图

[出处:吴安妮,1992 年,服务业之作业制管理制度——以会计师事务所为例(下),会计研究月刊,第 82 期,第 63 页。]

图 12-3 说明,预防成本发生于生产前,而鉴定成本发生于生产时,内部失败成本发生于生产后,外部失败成本则发生于销售后。预防成本和鉴定成本会影响到内部失败成本,而此三者同时会影响到外部失败成本,如图 12-4 所示。

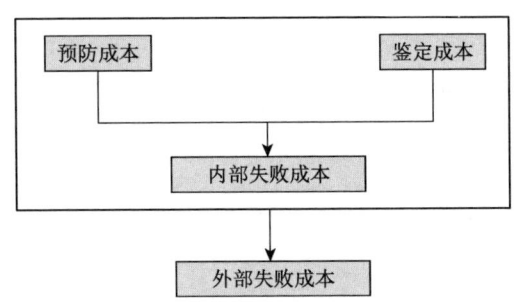

图 12-4　质量成本的功能关系图

[出处:吴安妮,1992 年,服务业之作业制管理制度——以会计师事务所为例(下),会计研究月刊,第 82 期,第 63 页。]

总的来说,预防成本属创造附加价值的成本,而鉴定、内部失败和外部失败成本皆为无附加价值的成本。为提高质量,会计师事务所应该提高预防成本,如加强训练、强化研究发展和鼓励专业知识的吸收等,并降低鉴定、内部失败和外部失败的成本。

鉴定成本则为复核活动、案件层层审核活动所产生的成本。一般而言,若

人员质量高,专业知识强(此可从预防成本着手),则鉴定成本自然可以降低。内部失败成本为案件审核不适宜、被退件或重做的现象等,而外部失败成本则为顾客不满意,重修或失去顾客所带来的损失等。

以上种种与质量成本有关的活动皆须纳入 ABCM 之中,以益于质量的提升和作业的有效管理。也就是说,ABCM 需考虑质量成本的信息,笔者以图 12-5 来说明如何将质量成本信息纳入 ABCM 之中。

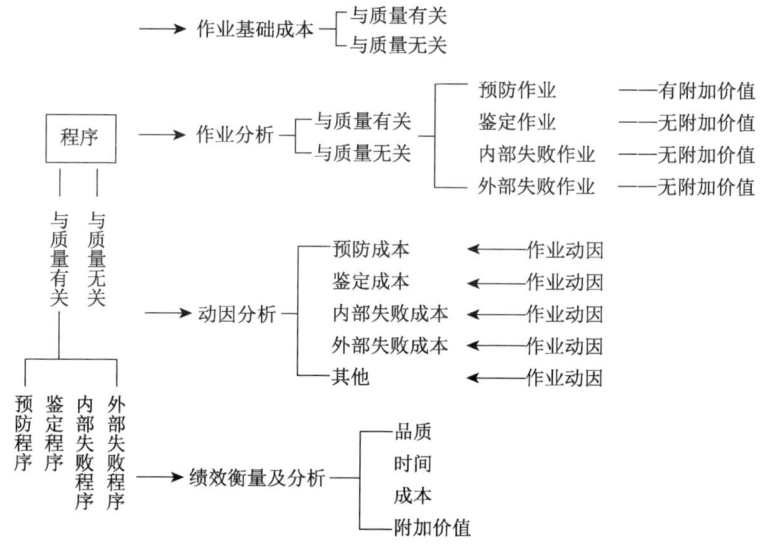

图 12-5　质量成本信息纳入 ABCM 图

[出处:吴安妮,1992 年,服务业之作业制管理制度——以会计师事务所为例(下),会计研究月刊,第 82 期,第 64 页。]

图 12-5 说明程序部分应分成与质量有关和与质量无关两方面,而其重点应偏重于与质量有关,如预防、鉴定、内部失败和外部失败有关的程序。至于 ABCM 亦应分成与质量有关和与质量无关两部分。而作业分析则分成与质量有关的四个项目,并列示其为附加价值的作业和无附加价值的活动或作业等。有关动因分析则分别以预防成本、鉴定成本、内部失败成本、外部失败成本,以及其他等项目分析其个别的成本动因为主。至于绩效衡量和分析,则强调与质量、时间、成本和附加价值等四个要素有关的绩效为主。

从图 12-5 中,不仅可了解与质量有关的程序、作业情况、作业动因、附加价值情况,并且得悉绩效衡量和分析的标准,此等信息对提供减少时间浪费,增加质量和降低成本非常有用。

若会计师事务所可以将质量成本的信息并入 ABCM 当中,更能充实 ABCM 的内容,且更能提高信息的有用性和整合性。

本章因属探究性、尝试性的观念介绍和启发,所以对会计师事务所的业务系以最简单的方式进行分析讨论。本章的主要目的是提供会计师界有关观念性和未来执行性的参考,希望会计师事务所能加强重视质量、时间、成本和附加价值等方面信息的整合与运用,以更具竞争优势。①

---

① 备注:本章的大部分内容,摘录自吴安妮,1992 年,服务业之作业制管理制度——以会计师事务所为例(下),会计研究月刊,第 82 期,第 59-66 页。

第三篇

生活应用篇——行的层面

· 内容提要 ·

　　前两篇已深入地探讨 ABCM 的基本理论及企业应用,本篇将简介如何运用 ABCM 于生活上,协助读者创造本身工作的最大价值,以及发挥人生的最高价值。

第十三章

作业基础成本管理
在创造生活价值方面的灵活运用

读者已经清楚地了解 ABCM 的精髓和如何运用于企业，读者可能会问：ABCM 可以运用于个人吗？答案是肯定的，ABCM 可以运用于个人的工作价值，以及人生价值的发挥，笔者将简单地说明 ABCM 如何运用于个人工作价值的提升和人生价值的规划。

第一节　作业基础成市管理在工作
价值方面的灵活运用

本节主要探讨如何灵活地运用 ABCM 于日常生活之中，从而创造生活的附加价值。兹举"工作"为例加以说明。就一位工作者而言，每天必有许多事情需要处理，如何增进工作的绩效呢？先要有正确的工作态度，即读者要常反省每天是否有"做好事情"，亦即是否在执行工作时发挥了最高效率。但效率的达成并非唯一的衡量指标，还须经常检讨是否皆有"做对事情"了。若是效率高，却并未做"对"事情的话，终究白费苦工，所以 ABCM 观念带给读者最大的提醒，是在工作中必须"做好事情"，同时也要"做对事情"，如此才能真正提升工作的绩效，这是非常正确、重要的工作态度和精神。

要如何才能促进工作的价值性呢？笔者认为包括三大方向。

一、工作流程的改进或再生

近年来有不少书籍谈到企业竞争力的优势实来自于"人"，而"人"的优势其实来自"创造力"。根据创造力潜能(Creation Quotient，简称CQ)的著作(吴怡臻译)，作者谈到若能发挥六大潜力时，则易成为卓越创造力的高手：①重新组织的能力；②对于问题的感受度高；③独特卓越的思想能力；④灵活的思考力；⑤流畅思考的能力；⑥设法完成目标的能力。

笔者认为若要发挥此六大潜力，则需要在工作中从事流程的改进和再生，如以计算机化作业取代人工操作，以逆向思考方式来处理事情，否则易因日复一日的工作，在不假思索，不加改进或再生之下，不仅易形成"惯性"，同时会认为自己的工作方式和方法是对的，拒绝接受新观念和新做法，反而阻碍了自己工作的创造力和生产力。在此职场竞争激烈的时代中，若未有良好的工作生产力和创造力，易为时代所淘汰。

二、整合有用信息，增进决策核心能力

我们在每天的工作中，常需从事不同的决策，而决策最需要的是有正确、实时与相关性"信息"的提供和搜集。例如，负责生产工作的人员，当要从事机器设备的投资决策时，则需有正确的设备成本、设备商信息、设备耐用年限和设备对公司的成本效益等信息。可以说，工作中的决策绝对离不开有用的信息。然而信息种类繁多，大致可分为"外部信息"和"内部信息"。内部信息又分为工作中自己可掌控的信息和公司中其他人员或其他部门的信息等。如何有效地"组织"并"整合"这些有用的信息，从而正确决策，实为不可忽略的课题。由此可知，整合力对决策的制定是不可或缺的要件。

对工作忙碌的现代人来说，为有效从事决策，迅速产生信息和运用信息甚为重要，因而如何采用现代化先进的"科技"，以促进工作的时效性并降低人力减少不必要的浪费，是重点工作。近年来管理上非常强调企业应该建立其"核心能力"(core competency)，方能提高竞争优势。其实个人也该建立自己的核心能力，尤其对常需从事各种决策者而言，如何增进自己决策的"核心能力"，如分析力、判断力、思考力、沟通力和整合力等，皆为不可忽略的工作。

三、工作绩效的评估

为了解工作的价值性，则必须随时从事工作的绩效评估，笔者认为从事工作绩效评估时，应先了解工作的"核心能力"及其"关键性成功因素"，才易促进工作绩效衡量的具体及效果性。

兹以成本会计的工作为例，其核心能力为成本计算的"正确性"和"相关性"，其关键性成功因素则为"成本制度"的完善化。因而在衡量成本会计工作的绩效时，可从成本计算时所付出的"时间""代价""质量"和"价值"等来衡量。其中"价值"是以成本信息的使用者，又称为"内部顾客"的观点来衡量，若使用者认为成本信息对决策具有相关性和重大影响时，则该项信息具有"价值"。这也是为何当科技、环境改变时，成本管理技术也会跟着改变，唯有如此才易提高成本管理信息的附加价值。

笔者主张衡量工作绩效时，必须考虑投入面、营运面和产出面等因素。投入面系指工作时间的投入；营运面系指工作中的绩效，如进度的掌控和工作质量的提升等；产出面则指工作结果的绩效，如工作对促进公司业绩的成长，以及利润的增加等。通过上述说明，工作绩效的评估实结合了两大构面：一为投入、营运和产出等层面；另一为绩效指标，其内容如表 13-1 所示。若读者能善加运用表 13-1 的内容，定可随时知道及掌握自己的工作绩效。

表 13-1　工作绩效评估表

绩效指标＼层面	投入面	营运面	产出面
成本(或代价)			
时间			
品质			
价值			
弹性			

（出处：吴安妮，1999 年，作业制管理制度（ABM）在工作之灵活运用，会计研究月刊，第 169 期，第 163 页。）

从上述说明，读者可以清楚地了解提高工作的价值，实有赖于平日工作流程的改进或再生，以及搜集与整合有价值的信息，从而从事有效的决策，更重要的是随时得从事工作的绩效评估，从投入、营运、产出面中的成本、时间、质量、价值或弹性等方面着手评估,方能克竟全功。

第二节　成本管理的精神和原则在人生价值方面的灵活运用

本节主要探讨如何灵活地运用成本管理的重要精神和原则,以促进"人生价值"的发挥。其实人生价值的发挥方向和内容相当广泛,就以"价值"为例,每人皆有不同的价值观,因而要能提供一套具说服力的方法来说明人生价值发挥的方向,实非易事。笔者在此重申以下的内容是引用成本管理的重要精神和原则而形成的方向,仅供读者参考,有疏漏之处,敬请原谅。图 13-1 提供了运用成本管理的七个重点所形成的人生价值发挥的内容。

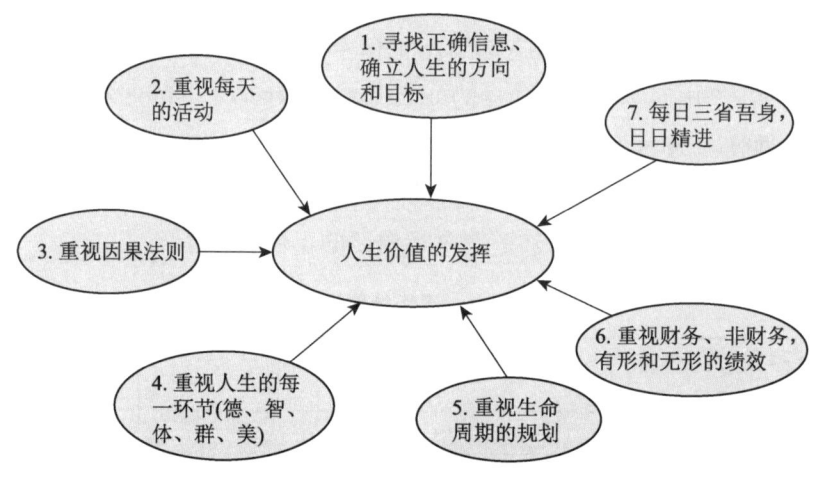

图 13-1　人生价值发挥图

(出处:吴安妮,2000 年,成本管理之重要精神与原则及其灵活运用,会计研究月刊,第 170 期,第 125 页。)

一、寻找正确信息,确立人生的方向和目标

人生说短也不短,说长也不长,最重要的是一定要好好地确立人生的方向;否则,不易达成自己人生的目标。如何确立人生的方向呢？笔者认为要有正确的信息,明确且具体的分析,如此方能达成人生的方向和目标的制定。例如,若

想成为一位杰出的会计师,应该要有正确的信息分析作为前进的指引。

二、重视每天的活动

虽然我们已有明确的人生方向,但若未有具体的做法也是徒劳无功的。因而若能重视每天的活动和工作,并且都能创造附加价值的话,则易达成人生的目标;否则,只是空谈而已。

三、重视因果法则

人生不顺,此为常事,正所谓人生不如意之事,十之八九。重要的是要明确地知道发生问题的原因是什么,若不知病因是无法治病的。笔者常看到不少人在发生问题时,便怨天尤人,殊不知每件事情的发生皆有其原因,若无法正视问题的根源,而仅想解决问题的话,如缘木求鱼,不可得也。

四、重视人生的每一环节

每个人皆有不同的潜力,有的人在音乐、体育或舞蹈方面有出色的才华。可惜现在有不少人只重视名利,却忽视了人格发展,或特别技能发展的重要性,因而不易创造人格的发展,这也是为何德、智、体、群、美必须同时并重,才易发挥人格全能发展的主因。

五、重视生命周期的规划

常看到周围一些人在经济不景气时,遇到失业的问题。这反映出一个事实,每一个人都要对人生所有生命周期的各段期间,如少年、青年、中年和老年有妥善地规划、安排,才能更好地发挥人生的整体价值;否则,在人生的某一段时间中因遇到瓶颈,而影响人生潜力和价值的发挥。

六、重视财务、非财务、有形和无形的绩效

人生的每一时刻皆需要有绩效评估的方向,如在财务面赚了多少钱,在有形面获得多少名利等。其实人生价值的发挥也得重视非财务面的指标,如为他人服务或付出多少;在无形面的指标,如诚实度或忠诚度等指标。总之,各种绩效指标得同时加以衡量,才能看出自己人生价值发挥的程度为多少。尤其在当

今时代,非财务和无形的绩效反而比财务和有形的绩效更为重要,更能衡量人生的价值。重视各构面的衡量指标,才易创造幸福、快乐的人生。

七、每日三省吾身,日日精进

人皆为凡夫,所以常会有做错事情的时候,这也是人为何须每日反省的原因。若能日日三省吾身的话,则易察觉每天活动或工作的不足之处,进而找出改进的方向,再配合改进的行动,必能取得相当的成就。①

---

① 备注:本章的大部分内容,摘录自吴安妮,1999 年,作业制管理制度(ABM)在工作之灵活运用,会计研究月刊,第 169 期,第 160-163 页;吴安妮,2000 年,成本管理之重要精神与原则及其灵活运用,会计研究月刊,第 170 期,第 123-125 页。

参 考 文 献

一、中文部分

[1] 吴安妮.ABC 制度之精神:增强企业之竞争力[J].会计研究月刊,1990,(62):92-95.

[2] 吴安妮.作业基础之成本制度法[J].会计研究月刊,1991,(68):29-31.

[3] 吴安妮.作业制成本管理与质量成本制度之结合与运用[J].主计月报,1992,(73):49-54.

[4] 吴安妮.服务业之作业管理制度——以会计师事务所为例(上)[J].会计研究月刊,1992,(81):17-24.

[5] 吴安妮.服务业之作业管理制度——以会计师事务所为例(下)[J].会计研究月刊,1992,(82):59-66.

[6] 吴安妮.管理阶层必读得好书——ABC 制度绩效之突破[J].会计研究月刊,1992,(83):43-46.

[7] 吴安妮,刘俊儒,张育琳.作业基础成本制之整体内容及未来研究方向(上)[J].会计研究月刊,1993,(96):64-73.

[8] 吴安妮,刘俊儒,张育琳.作业基础成本制之整体内容及未来研究方向(中)[J].会计研究月刊,1993,(97):92-100.

[9] 吴安妮.作业制成本制度之用于金融、财务机构[J].会计研究月刊,1993,(96):58-63.

[10] 吴安妮,刘俊儒,张育琳.作业基础成本制之整体内容及未来研究方向(下)[J].会计研究月刊,1993,(98):102-105.

[11] 吴安妮.作业制管理制度新思潮——运用信息科技改造企业程序革新(上)[J].会计研究月刊,1994,(103):56-59.

[12] 吴安妮.作业制管理制度新思潮——运用信息科技改造企业程序革新(下)[J].会计研究月刊,1994,(104):132-136.

[13] 吴安妮.中小企业之作业制成本制度[J].会计研究月刊,1994,(107):64-69.

[14] 吴安妮.由中信银的企业改造解析 ABC 在台湾金融业之应用[J].会计研究月刊,1997,(144):15-31.

[15] 吴安妮.驱动利润与绩效的利器——整合性成本系统（中）[J].会计研究月刊,1998,(155):52-58.

[16] 吴安妮.创造成本管理信息价值及功能性的基础工程[J].会计研究月刊,1998,(154):13-16.

[17] 吴安妮.实施作业制成本管理制度之省思[J].会计研究月刊,1999,(162):45-50.

[18] 吴安妮.作业制管理制度（ABM）在工作之灵活运用[J].会计研究月刊,1999,(169):160-163.

[19] 吴安妮.成本管理之重要精神与原则及其灵活运用[J].会计研究月刊,2000,(170):123-125.

[20] 周齐武,吴安妮.慎防误用 ABC[J].会计研究月刊,2000,(174):67-74.

[21] 吴安妮.作业制成本制度（ABC）在管理决策上之效益[J].会计研究月刊,2001,(182):59-63.

[22] 周齐武,吴安妮,袁丽薇,李惠娟.由过时成本系统的征兆浅探台湾企业成本制度的现况（上）[J].会计研究月刊,2002,(197):133.

[23] 吴安妮.作业制成本制度之发展与整合方向[J].会计研究月刊,2007,(263):60-76.

[24] 吴安妮.管理会计技术商品化:以 ABC 为核心之作业价值管理系统（AVMS）为例[J].会计研究月刊,2015,(359):20-24.

[25] Kaplan R.，R. Cooper.成本与效应[M].徐晓慧,译.脸谱出版社,2000.

[26] 庄乔安整理.ABC 的过去与未来——政治大学会计系吴教授与 B 银行陈副总经理的深度对谈[J].会计研究月刊,2007,263:75-81.

[27] CQ 右脑思考法[M].吴怡臻,译.圆智文化事业有限公司,1999.

[28] Michael E. Porter，Elizabeth Olmsted Teisberg.医疗革命:善用竞争策略,创造医病双赢的疗护体制[M].李振昌,罗耀宗,译.天下文化,2014.

二、英文部分

[1] Baker J.，G. Boyd. Activity-based costing in the operating room at Valley View Hospital[J]. Journal of Health Care Finance，1997,24(1):1-9.

[2] Block R.，L. Carr. Activity-Based Budgeting at Digital Semiconductor [J]. International Journal of Strategic Cost Management，1999,1(4):17-31.

[3] Booth J.，B. Balachandran. Using ABM to Identify Value：An Automotive Retailer Case Study[J]. Journal of Cost Management，1999,11:4-10.

[4] Carolfi I. ABM Can Improve Quality and Control Costs[J]. CMA Magazine，1996,70(4):12-16.

[5] Coburn S.，H. Grove，W. Ortega. Business Process Reengineering Using Activity-

Based Management[J]. Journal of Cost Management, 1998,10: 41-47.

[6] Cokins G. Using ABC to Become ABM[J]. Journal of Cost Management, 1999,11: 29-35.

[7] Colbert G., B. Spicer. Linking Activity-Based Costing and Transfer Pricing for Improved Decisions and Behavior[J]. Journal of Cost Management, 1998,10: 20-26.

[8] Huang L. The Integration of Activity-Based Costing and The Theory of Constraints[J]. Journal of Cost Management, 1999,11: 21-28.

[9] Kaplan R., S. Anderson. Time-Driven Activity-Based Costing[J]. Harvard Business Review, 2004,82:131-138.

[10] Kaplan R., S. Anderson. Time-Driven Activity-Based Costing: A Simple and More Powerful Path to Higher Profits[M]. Harvard Business SchoolPress, 2007.

[11] Kaplan R., R. Cooper. Cost & Effect: Using Integrated Cost Systemsto Drive Profitability and Performance[M]. Harvard Business School Press, 1998.

[12] Kocakulah M., Fowler D., B. McGuire. Implementing an ABC System to Stay Competitive: A Case Study[J]. Journal of Cost Management, 2000, 12: 15-19.

[13] Letza R., K. Gadd. Should Activity-Based Costing Be Considered as the Costing Method of Choice for Total Quality Organizations? [J]. The TQM Magazine, 1994, 6 (5): 57-63.

[14] Mabberley J. Activity-Based Costing in Financial Institutions[M]. London: Pitman Publishing, 1992.

[15] Maguire N., E. Peacock. Evaluating the Cost of Lead-Time on the Supplier Selection Process: An ABC Driven Methodology[J]. Journal of Cost Management, 1998, 9: 27-38.

[16] Sharman P. The Role of Measurement in Activity-Based Management[J]. CMA Magazine, 1993, 67(2): 25-29.

[17] Smith M., S. Dikolli. Customer Profitability Analysis: An Activity-Based Costing Approach[J]. Managerial Auditing Journal, 1995, 10(7): 3-7.

[18] Swenson D. Best Practices in Activity-Based Management[J]. Journal of Cost Management, 1997, 9: 6-14.

[19] Turney P., A. Stratton. Using ABC to Support Continuous Improvement[J]. Management Accounting, 1992, 74(3): 46-50.